Desperte suas energias criativas usando seu corpo

> Todas as mulheres são criativas, pois todas têm o poder de criar. No entanto, muitas mulheres modernas não se sentem nada criativas, pois não sabem que a criatividade está ligada ao corpo, à sexualidade e à espiritualidade.

A forma mais simples que a mulher tem de despertar suas energias criativas é tornar-se mais sensual e mais consciente do seu corpo e da sua interação com o mundo ao seu redor. Podemos conseguir isso percebendo as sensações do corpo e a forma como ele reage a texturas e sabores, cheiros e temperaturas. Observe detalhes como a sensação da luz solar na sua pele. Experimente o mundo ao seu redor por meio da sua pele; caminhe com os pés descalços ou nua, se possível. Esteja mais atenta aos sons e perfumes, sinta prazer nas visões, nas formas e nas cores do mundo a seu redor e sinta-se viva!

Se você tem um parceiro ou uma família, esteja atenta ao toque e ao cheiro deles. Deixe que sua mente tenha consciência do seu útero, sentindo a posição dele em seu corpo. Talvez você note que durante o mês essa consciência elevada emerge no seu próprio ritmo, acompanhando um período de criatividade.

EXERCÍCIO

Imagine uma linda tigela de prata sobre o centro da sua bacia pélvica. A tigela é decorada com fios de ouro e está cheia até a borda com água cristalina. Agora, tente caminhar pelo cômodo sem derramar uma única gota da água da tigela.

Note que sua postura muda, seus joelhos se flexionam, você caminha dando impulso com os quadris, e não com os ombros, e observe também como a consciência do seu corpo se intensifica.

No decorrer do dia, mantenha a consciência da tigela sobre o seu ventre enquanto você se movimenta e cumpre suas tarefas. Talvez você perceba que se torna mais graciosa, suave e feminina, não apenas em seus movimentos, mas também em seus pensamentos e suas emoções.

Você também pode usar o movimento da música ou seu ritmo para aumentar a consciência do seu corpo e a habilidade de expressar suas emoções. Se você se sente desconfortável ao dançar, coloque uma música para tocar e apenas permita que seu corpo responda a ela. Deixe de lado o constrangimento, assim como as restrições mentais que você mantém na sua vida cotidiana, e dê ao corpo a liberdade de se mover sem restrições. À medida que você responde à música, use sua voz, quem sabe com gritos e gemidos, a fim de ir mais além na expressão dos sentimentos que a música desperta. Seu movimento não precisa ser complicado e, muitas vezes, o corpo encontrará um movimento fácil adequado a ele. Mesmo uma mudança simples no peso corporal, de um pé para o outro, pode aumentar a atenção voltada ao corpo. Enquanto dança, sinta-se *sexy*, viva e receptiva às energias em seu corpo.

A ligação feminina entre sexualidade e criatividade faz com que o ato de fazer amor com um parceiro seja capaz de despertar as energias criativas de uma mulher. Se você é sexualmente ativa, note a sensualidade elevada que experimenta ao fazer amor e os efeitos que o sexo tem em seus sentimentos, em seu humor e na vida cotidiana.

O senso de consciência elevada também pode ser evocado em sua interação com o mundo natural. Esteja consciente do sentido da vida a seu redor e das sensações e emoções que ela evoca em você. Toque e seja tocada pela vida que existe em seu entorno. Fique em meio à natureza durante a noite e perceba a mudança na percepção que a escuridão, as estrelas e a Lua trazem. Todos esses métodos para despertar as energias criativas podem ser usados separadamente ou em várias combinações na vida cotidiana. Ao aliar todos esses métodos – o senso de consciência elevado sentido em meio à natureza, a dança com a música ritmada e o ato de fazer amor –, formamos a base para os ritos ancestrais de fertilidade.

— Extraído e adaptado de *Lua Vermelha*,
Miranda Gray, Ed. Pensamento.

A magia do reiki

> Reiki é um método de cura natural baseado no uso da energia universal de vida para restabelecer a saúde e o bem-estar. A energia reiki é a energia vital em sua plena eficácia – em sua vibração máxima. O Reiki é uma das terapias de cura em maior e mais rápida expansão atualmente.

De acordo com as tradições orientais, todas as nossas dimensões – corpo, mente, emoções e espírito – precisam estar em harmonia para ser realmente saudáveis. As pressões da vida moderna podem levar a nossa energia pessoal (*qi, ki* ou *chi*) a operar em níveis baixos, enfraquecendo o nosso sistema imunológico e deixando-nos vulneráveis à doença, à dor e a problemas emocionais e mentais.

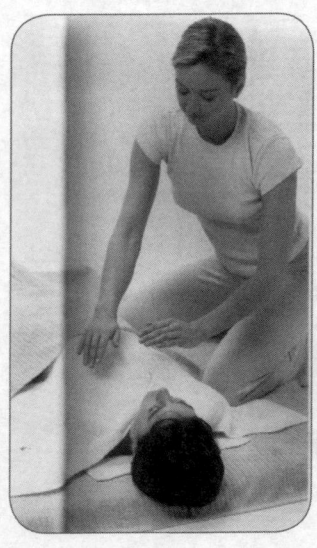

Um praticante de Reiki é um canal para a energia reiki, servindo de elo de ligação entre o receptor e a energia universal de vida. A energia é canalizada através das mãos do terapeuta, que as posiciona sobre o corpo do receptor, tocando-o ou não, em geral nas posições correspondentes aos sete chakras principais do corpo. Alguns praticantes experientes e mestres de Reiki seguem sua intuição no momento de impor as mãos; segundo eles, as mãos são atraídas pelas áreas que mais necessitam de energia e tratamento.

História

Reiki é uma palavra japonesa que significa "energia universal de vida". O sistema de cura Reiki foi desenvolvido por Mikao Usui (1865-1926), depois de ter entrado em sintonia com a energia reiki após 21 dias de jejum e meditação no monte Kurama, no Japão. Pouco depois ele passou a ensinar outras pessoas a se tornarem canais para essa energia. Todo praticante de Reiki remonta sua herança profissional ao Mestre Usui.

A QUEM BENEFICIA

Aplica-se o Reiki para o bem-estar geral e para restabelecer o fluxo de energia do corpo. Também é muito indicado para:

- Aliviar a dor
- Relaxar
- Reduzir o estresse
- Aliviar as emoções
- Induzir ao sono
- Aumentar os níveis de energia
- Acalmar crianças agitadas
- Gravidez e trabalho de parto

O Reiki tem por base o princípio de que a energia universal sabe para onde precisa se dirigir, e não o diagnóstico do praticante. Desse modo, pode-se aplicar um tratamento de Reiki com eficácia em animais de estimação e também em plantas.

O que esperar

Como o reikiano desejará conhecer você mais a fundo no primeiro contato, essa sessão pode levar um pouco mais do tempo do que um tratamento regular. Em geral, as aplicações de Reiki duram em torno de 60-90 minutos.

Você ficará vestido durante toda a sessão, deitado numa maca ou mesa, embora possa ficar sentado se tiver problemas de mobilidade ou for idoso. Em geral ao som de música relaxante, num ambiente iluminado com luzes suaves ou velas.

Cumprida sua rotina preparatória específica, o praticante começa a posicionar as mãos sobre várias partes do seu corpo, numa sequência predeterminada. Alguns tocam levemente o corpo, outros mantêm as mãos um pouco acima, evitando contato físico. O Reiki é um tratamento aplicado ao corpo inteiro porque os reikianos acreditam que nenhuma parte está separada, isolada, e que uma doença ou distúrbio numa área afeta inevitavelmente o resto do corpo.

Você pode ter uma sensação de aquecimento ou de formigamento à medida que o praticante passa de uma posição para outra. A maioria das pessoas diz sentir-se bem relaxada depois de uma sessão de Reiki. Após o tratamento, beba bastante água para facilitar o processo de desintoxicação.

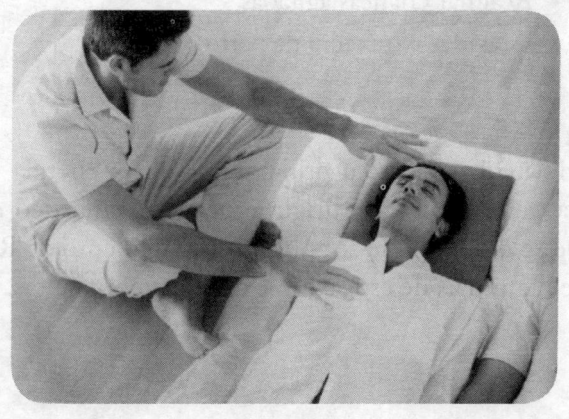

Depois de algum tempo, com tratamentos completos (corpo inteiro) regulares, os canais de energia estão abertos para que o corpo lide efetivamente com o estresse e com acúmulos de toxinas, havendo um restabelecimento do bem-estar geral. A terapia Reiki também fornece a energia necessária para promover a recuperação de uma doença, sendo ainda uma terapia complementar muito benéfica para outras modalidades.

Formação

São três os níveis de formação exigidos para se tornar um mestre de Reiki, o primeiro, o segundo e o grau de mestre. Em cada nível o aluno recebe "sintonizações" de energia do Reiki (processo pelo qual o mestre transmite a capacidade de passar Reiki). Após cada sintonização, as vibrações mais elevadas da energia reiki passam a fazer parte do campo energético do aluno.

Depois do nível de primeiro grau, o aluno, agora reikiano, pode usar o Reiki para tratar a si mesmo e a outras pessoas. A cura física é o primeiro degrau na escada do Reiki. No nível do segundo grau são ensinadas as "chaves" ou "símbolos" para ajudar a curar aspectos emocionais e mentais. Nesse mesmo nível, o aluno aprende também a fazer tratamentos a distância (transmissão da energia de cura a quem está geograficamente distante do praticante).

O terceiro grau eleva o aluno ao nível de mestre, no qual ele recebe as qualificações não apenas para assumir a responsabilidade por sua própria cura, mas também para ajudar outras pessoas a tratar questões da alma. Ele também aprende a fazer as sintonizações que permitem "iniciar" pessoas interessadas em aplicar essa terapia.

– Extraído e adaptado de
A Bíblia das Terapias Alternativas,
Claire Gillman, Ed. Pensamento.

Olhos: como interpretar as janelas da alma

Os olhos são extremamente reveladores para qualquer um que consiga ler os sinais não verbais que eles produzem.
Eles revelam muito mais do que pensamos, porque é praticamente impossível esconder as reações emocionais estampadas neles.

O melhor exemplo disso é o fato de as nossas pupilas se dilatarem quando temos interesse por algo ou alguém. A maioria das pessoas não consegue controlar essa reação de modo consciente. Nossas pupilas se dilatam quando gostamos daquilo que vemos e se contraem quando não gostamos daquilo que vemos. Nós só conseguimos dilatar conscientemente as nossas pupilas quando pensamos em alguma coisa que as fez dilatar no passado.

Pensamento visual

Através dos olhos, podemos entrar na mente de uma pessoa e identificar de onde está vindo determinada resposta. Será que ela está se lembrando da resposta, visualizando a resposta ou fabricando uma resposta? Aqui está um exemplo que você mesmo pode tentar.

Olhe-se no espelho e se faça a seguinte pergunta: "O que os meus pais me deram de presente quando eu fiz 11 anos de idade?" Existe 90% de chance de que, enquanto você estava pensando na resposta, os seus olhos olharam para cima à esquerda. Aqui está outra pergunta. "Como seria a Torre Eiffel se ela fosse feita de madeira?" Para visualizar isso, os seus olhos provavelmente olharam para cima à direita.

Consequentemente, é possível observar os movimentos oculares das pessoas e saber de onde estão vindo as informações que elas estão acessando. Isso é útil de várias maneiras.

Se você desconfia que alguém está mentindo, pode fazer algumas perguntas e observar os olhos da pessoa para determinar de onde ela está acessando a informação. Depois de identificar seus movimentos oculares, pode começar a fazer perguntas sobre a suposta mentira. Se ela estiver se lembrando de alguma coisa, mas estiver acessando a área onde a informação está sendo fabricada, você tem motivos para desconfiar.

Aproximadamente 90% das pessoas destras fazem os mesmos movimentos oculares. As canhotas geralmente são o inverso das destras. Entretanto, é preciso fazer perguntas para confirmar isso. Entre 5% e 10% das pessoas contrariam a norma, por isso é preciso sempre fazer perguntas para verificar como cada uma opera.

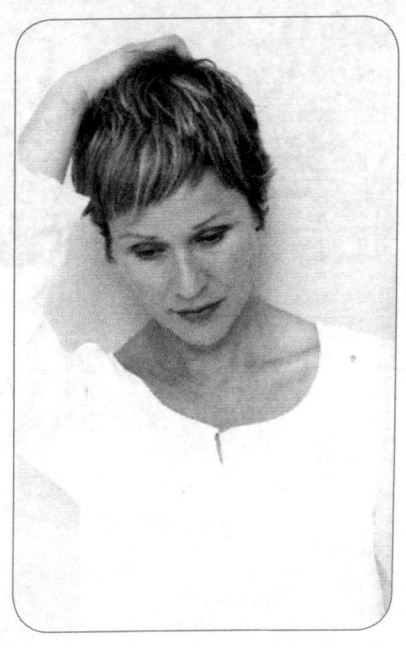

Se os olhos dela se moverem para cima à esquerda, ela está visualmente se lembrando de algo. Por exemplo: "De que cor era a porta da cozinha na casa em que você cresceu?"

Se os olhos dela se moverem para cima à direita ela estará visualizando algo novo ou tentando visualizar alguma coisa familiar de uma maneira diferente. Por exemplo: "Como seria um cão se ele tivesse lábios de gente enormes e elásticos?"

Se os olhos dela se moverem para o lado esquerdo ela está se lembrando de um som que já ouviu antes. Por exemplo: "Como é o toque do seu telefone celular?"

Se os olhos dela se moverem para o lado direito, ela está imaginando um som que nunca ouviu antes. Por exemplo: "Como seria o som do canto da sereia?"

Se os olhos dela se moveram para baixo à esquerda, ela está dizendo alguma coisa para si mesma. Por exemplo: "Onde deixei as chaves do carro?"

Se os olhos dela se moveram para baixo à direita ela está sentindo emoções ou a sensação de toque. Por exemplo: "Como será a sensação de estar apaixonada?"

Quando fizer uma pergunta para si mesmo, é bom você movimentar deliberadamente seus olhos para a direita. Se, por exemplo, você olhar para baixo à esquerda enquanto estiver se perguntando onde deixou as chaves do carro, a resposta virá mais rapidamente.

– Extraído e adaptado de
Leitura Facial Prática para Principiantes,
Richard Webster, Ed. Pensamento.

MINDFULNESS:
Aprenda a aceitar o que é difícil

Hoje em dia, o controle de fronteira nos aeroportos está cada vez mais rigoroso e, frequentemente, conta com um número insuficiente de pessoal. Isso significa que, quando há um grande movimento, as filas podem ficar enormes. Os passageiros experientes fazem questão de aprender a lidar com a situação de maneira a não precisar esperar tempo demais.

Sarah é uma passageira assim. Como voltava depois de uma breve viagem, ela levava apenas uma bagagem de mão. Ela conseguiu um assento na parte da frente do avião e, assim que as portas se abriram, caminhou com um passo apressado no intuito de chegar na frente dos outros passageiros ao controle de passaportes.

Para sua consternação, ao chegar ao salão de imigração, encontrou longas filas em todos os guichês. A seção eletrônica de verificação de passaporte não estava funcionando. "Quando eles vão arrumar isso?", murmurou irritada a si mesma, entredentes, enquanto procurava a fila mais curta. Ela escolheu uma fila e esperou, tamborilando a coxa com os dedos com uma impaciência evidente.

Sarah não havia escolhido a melhor fila. Após alguns minutos, o funcionário do guichê pegou o passaporte de alguém e foi consultar seu supervisor. Ninguém o substituiu no guichê. Todas as outras filas haviam aumentado, e nenhuma andava muito rapidamente. Sarah estava imobilizada e começou a ficar furiosa. Ela se virou para a pessoa atrás dela e comentou: "Isto é incompetência! Olhe para essas filas! Que tipo de mensagem estamos enviando aos que visitam o nosso país?". Mas a pessoa atrás dela não quis conversar, e Sarah teve de ruminar os próprios pensamentos. Seu maxilar estava dolorosamente contraído, os ombros tensos e o estômago retraído.

Foi então que ela se lembrou de algo que ouvira em uma sessão de apresentação gratuita de *mindfulness* oferecida às pessoas em seu trabalho. "Muito bem", ela pensou, "não tenho nada a perder, vamos tentar isso agora". Então Sarah voltou a atenção para o seu corpo, primeiro para a sensação de contração em seu estômago. Para sua surpresa, o local estava quente. "Céus", ela pensou, "estou fervendo por dentro, fervendo mesmo!". Permanecendo com essa sensação e essa imagem, respirando com ela, Sarah percebeu que estava cada vez mais interessada no que acontecia dentro dela. Era muito complexo. Havia o sentimento de calor, o conjunto de tensões, o sentimento de resistência àquelas tensões.

E então, para o completo assombro de Sarah, todo o quadro mudou. Em um instante. Toda a tensão diminuiu de maneira gradual. O calor simplesmente desapareceu, e ela ficou ali, surpresa, respirando – esperando na fila, com paciência e refletindo sobre o que acabara de vivenciar.

Sarah se voltou *para* o que estava vivenciando. Prestou atenção em como os sentimentos de raiva e frustração se manifestavam em seu corpo e, depois, esses sentimentos e essas sensações de repente desapareceram. Vamos examinar melhor o que aconteceu.

Para começar, as filas longas e imprevisíveis no controle de passaportes produziram sentimentos de raiva e frustração em Sarah. Esses são, em si, sentimentos desagradáveis, os quais deram origem a sentimentos de aversão – Sarah não queria vivenciá-los. Isso criou um ciclo de *feedback*. Na mente de Sarah, a princípio, os controles de fronteira eram responsáveis por sua raiva e sua frustração. Mas depois ela percebeu que se tratava de algo completamente diferente. Era sua atitude *de evitar* que estava mantendo o sistema no lugar. Enquanto ela não se conscientizasse do sistema aversivo que estava alimentando e sustentando a sua raiva, esta perduraria. No entanto, no momento em que ela trocou o modo mental de evitar para o modo mental de *aproximar*, voltando-se para a sua experiência com interesse e curiosidade, ela parou de alimentar esses ciclos que se autoperpetuavam, e toda a situação mudou.

Essa história mostra uma das principais mensagens das abordagens do *mindfulness*: é a relação com o que é difícil ou desafiador que o mantém preso ao sofrimento, e não os sentimentos e as sensações desagradáveis que em geral acompanham a dificuldade e o desafio.

Comece a simplesmente aceitar as experiências difíceis ou desafiadoras, com os pensamentos, os sentimentos, as sensações e os impulsos que as acompanham; a permanecer consciente sem tentar mudá-los ou se livrar deles. Isso não significa se resignar ao que é difícil. A resignação é algo muito diferente. Ao se resignar, você não deseja a experiência que está tendo, mas se sente indefeso para modificá-la e apenas a tolera.

"Aceitar e deixar que as coisas sejam como são" é muito mais ativo do que isso. Envolve a disposição de experimentar – uma abertura para a vida em toda a sua complexidade. Requer prática, energia e um comprometimento consciente. Em vez de ser a vítima passiva da aversão reativa, a atitude de aceitar e deixar que as coisas sejam como são o convida a escolher como responder à dificuldade: a se aproximar dela com curiosidade, delicadeza e interesse. Essa atitude diante da dificuldade é captada de maneira maravilhosa por Rumi, o poeta sufi do século XIII, no poema intitulado "A hospedaria".

A HOSPEDARIA

Este ser humano é uma hospedaria. Todas as manhãs, uma nova chegada.

Uma alegria, uma depressão, uma sordidez, alguma conscientização momentânea chega como um visitante inesperado.

Dê as boas-vindas e entretenha a todos! Mesmo que eles sejam um grupo de tristezas, que violentamente despojam a sua casa da mobília, ainda assim, trate cada hóspede com respeito. Ele pode estar esvaziando-o para uma nova alegria.

O pensamento sombrio, a vergonha, a malignidade. Receba-os na porta rindo e convide-os a entrar.

Seja grato pelo que quer que venha, porque cada um foi enviado do além como um guia.

– Extraído e adaptado de *Mindfulness em Oito Semanas*, Michael Chaskalson, Ed. Cultrix.

Anote todas as coisas negativas que estão enterradas em você, descubra quem você sente que é responsável por cada uma delas e depois perdoe essas pessoas. Você sentirá que um peso foi retirado dos seus ombros, e sua energia começará a oscilar de novo para o lado positivo do pêndulo cósmico.

Ritual simples de proteção angélica

> Você pode fazer essa proteção com frequência e, quanto mais a fizer, mais forte ela se tornará. Gosto de fazê-la todos os dias, como parte da minha meditação diária.

Sente-se em frente a uma vela branca acesa, com a coluna reta. Feche os olhos, respire fundo algumas vezes e coloque as mãos em posição de prece. Peça ao Arcanjo Miguel para envolver a casa com uma esfera de luz branca muito brilhante. Depois lhe peça para entrar em sintonia com o campo de energia da sua casa, detectando quaisquer áreas sombrias e iluminando-as, queimando e transmutando toda a energia negativa. Isso feito, peça a um grupo de anjos para rodearem a casa e direcionarem energia positiva para o interior. Veja a energia fluindo das mãos deles para o centro da casa, elevando e preservando as vibrações positivas.

Depois peça a um grupo ligeiramente maior de anjos para rodear o primeiro grupo. Visualize-os voltados para fora e peça-lhes para impedir que qualquer forma de negatividade entre em sua casa. Agradeça aos anjos e creia que você e sua casa agora estão poderosamente protegidas. Diga (mentalmente ou em voz alta):

Obrigada, obrigada, obrigada.
Abençoados sejam. Assim seja.

Elixir para a paixão

Este elixir pode ser usado para reavivar a paixão num relacionamento. Durante a fase da Lua Crescente, produza um elixir com a pedra Cornalina deixando-a sob a luz solar por seis horas. Visualize a mistura sendo infundida com qualquer tipo de energia que você deseja para a sua situação específica. Use essa água num banho ou para untar seu corpo, especialmente o chakra do Sacro, na região do umbigo. Ou, para uma experiência mais intensa, você pode adicionar óleo de massagem ao elixir e massagear o seu parceiro. Você também pode adicionar algumas gotas do elixir aos seus drinques!

Entoe essas palavras enquanto prepara a mistura e antes de usá-la:

Caro cristal, que brilha e reluz
Acenda em nós uma grande paixão.
Poder do sol, poder da luz
Pelo bem maior, ative esta poção.

Encantamento para encontrar o amor verdadeiro

O amor verdadeiro não é necessariamente um namorado ou namorada, mas você pode ter certeza de que alguma forma de amor verdadeiro surgirá na sua vida se você procurar ser uma pessoa legal, tratar todo mundo bem e concentrar-se na harmonia universal. Este encantamento é muito simples – e extremamente útil.

Você precisará de:

- ☺ Uma vela roxa e um castiçal seguro
- ☺ Um lápis com ponta ou uma agulha
- ☺ Óleo – de preferência de sândalo
- ☺ Uma pétala de rosa (de qualquer cor)
- ☺ Um cristal
- ☺ Um sininho
- ☺ Um saquinho

Da próxima vez em que a Lua estiver cheia, procure um local da sua casa que receba a luz energizante da Lua e monte ali um pequeno altar. Então, na Lua Nova, com o lápis ou a agulha, grave seu nome na vela. Esfregue uma gota de óleo sobre seu nome gravado e outra gota sobre a pétala, procurando atrair com o pensamento a harmonia universal para a sua vida. Coloque a vela num castiçal seguro, ao lado do altar. Deixe a pétala em frente à vela. Segure o cristal com as mãos. Concentre-se no seu desejo de atrair o amor para a sua vida e depois coloque o cristal sobre a pétala de rosa.

Quando sentir que está pronto para começar, toque o sininho quatro vezes – para invocar as energias da Terra, do Ar, do Fogo e da Água. Acenda o pavio e diga:

*"Mãe Sagrada, Mãe do Céu inteiro,
Traga para mim o amor verdadeiro".*

Repita essas palavras nove vezes.
Agora toque o sininho três vezes e diga:

*"Este encantamento está selado,
O amor é de verdade.
Honrar é a Lei,
O Amor é o Laço
Assim seja".*

Deixe que a vela queime até o fim. Coloque o toco de vela frio, o cristal e a pétala de rosa no saquinho. Carregue-o com você para aumentar o amor na sua vida. Renove esse encantamento na Lua Nova seguinte.

Tabelas do Almanaque Wicca
(E como usá-las)

> Nesta seção, você encontrará todas as tabelas sobre as influências mágicas que o ajudarão a compreender e utilizar melhor o Calendário 2019 do *Almanaque Wicca*.

Mudanças de horário

Todos os horários e datas dos fenômenos astrológicos deste Almanaque e do Calendário estão baseados no fuso horário da cidade de São Paulo (hora de Brasília). Se você mora numa região cujo fuso horário seja diferente, não se esqueça de fazer as devidas adaptações. O mesmo deve ser feito nas regiões que costumam adotar o Horário de Verão. Na vigência do Horário de Verão, deve-se somar uma hora aos horários informados nas tabelas.

Festivais e datas comemorativas

As datas de alguns festivais mais conhecidos são mencionadas no Calendário ao longo de todo o ano. As datas dos chamados Sabás Menores (Yule, Ostara, Litha e Mabon) dependem do início das estações, por isso podem variar de ano para ano. No caso dos Sabás Maiores (Samhain, Imbolc, Beltane e Lammas), prevalecem as datas em que eles costumam ser celebrados, segundo a tradição. O Calendário menciona as datas de todos os Festivais mais importantes, de acordo com o ciclo sazonal do Hemisfério Norte – indicado pela sigla (HN) – e do Hemisfério Sul – indicado pela sigla (HS). A decisão de celebrar os Festivais de acordo com o ciclo sazonal do Hemisfério Norte ou do Hemisfério Sul fica a critério do leitor.

Dias da semana e os planetas

Cada dia da semana é regido por um planeta, que exerce determinadas influências mágicas. Por tradição, cada dia da semana também é associado a determinados assuntos. Na tabela abaixo, você vai encontrar o planeta regente de cada dia da semana e os assuntos relacionados a cada um desses planetas.

Dia da semana	Planeta regente	Favorece	Combate
Domingo	Sol	Cura, amizade, sucesso, força pessoal e espiritual, criatividade, fama, honra, proteção, espiritualidade	Orgulho, crueldade, arrogância, luxúria
Segunda-feira	Lua	Emoções, lar, mãe, imaginação, instintos, intuição, sonhos, amigos, paz, sono, compaixão, mediunidade, fertilidade	Inconstância, emotividade, instabilidade, insegurança
Terça-feira	Marte	Disputas, competições, processos judiciais, coragem, iniciativa, força, virilidade, ataque e proteção	Acidentes, perigo, raiva, agressividade, violência, competitividade
Quarta-feira	Mercúrio	Negócios, comunicação, intelecto, estudos, viagens, adivinhações, inteligência, sabedoria, aprendizado	Pressa, roubo, falsidade, mentira, desonestidade, calúnia, intriga, nervosismo
Quinta-feira	Júpiter	Viagens ao exterior, religião, prosperidade, imóveis, dinheiro, otimismo, expansão, generosidade	Exagero, ilegalidade, presunção, dogmatismo
Sexta-feira	Vênus	Amor, sexo, paixão, afeição, união, conforto, reconciliações, beleza	Futilidade, comodismo, vaidade, malícia
Sábado	Saturno	Amadurecimento, sabedoria, términos, liderança, menopausa, estabilidade, trabalho, responsabilidade, objetividade	Avareza, ambição, amargura, isolamento, solidão, rigidez, frieza, apatia

Eclipses

O eclipse solar acontece durante a Lua Nova, quando esse astro passa exatamente entre a Terra e o Sol, cobrindo-o total ou parcialmente. O eclipse lunar acontece quando ela escurece ao passar pela sombra da Terra. Do ponto de vista científico, existem três tipos de eclipse: o parcial, o total e o anular. O eclipse anular do Sol é um tipo especial de eclipse parcial. Durante um eclipse anular a Lua passa em frente ao Sol, mas acaba por não cobrir completamente o disco da nossa estrela.

Muitas pessoas que praticam magia acreditam que o eclipse seja um sinal de mudança. Existe a suposição de que o eclipse solar afete mais os eventos externos e o eclipse lunar, o nosso mundo interior, afetando as nossas emoções. Comece o trabalho de magia dez minutos antes do eclipse e continue a trabalhar enquanto ele ocorre, até que tenha terminado. A chave é captar a energia do eclipse e puxar essa energia para o seu trabalho, enquanto o fenômeno estiver em curso.

Fases da Lua

Um dos ingredientes mais importantes do trabalho de magia é a ocasião em que ele é feito. Tentar um trabalho de magia numa época desfavorável é o mesmo que tentar chegar num lugar transpondo uma montanha – você chega lá, mas seria mais fácil se caminhasse num terreno plano! Um dos métodos mais conhecidos, comprovados e eficazes de obter bons resultados no mundo da magia consiste em sintonizar o feitiço ou ritual com a fase da Lua correspondente. As bruxas devem ter sempre à mão o calendário do *Almanaque Wicca*, com as fases lunares, para ficar a par dos ciclos desse astro.

Fase da Lua	Assuntos favorecidos
Nova	Novo emprego, projeto ou relacionamento, pôr em prática novas ideias, crescimento, expansão
Crescente	Desenvolvimento, prosperidade, compromissos, crescimento, acelerar projetos, aumentar a prosperidade
Cheia	Feitiços de amor e de Alta Magia, aumentar o poder, potencializar a magia
Minguante	Terminar relacionamentos, dissipar energias negativas, reflexão, combater vícios e situações indesejáveis, fazer renovações, eliminar maldições, combater ataques psíquicos

A Lua nos signos

A Lua se "move" continuamente pelo zodíaco, passando por todos os signos. Cada um deles exerce um tipo de influência sobre as pessoas e suas atividades:

Signo da Lua	Características
Áries	Bom para iniciar coisas, mas carece de poder e de uma motivação duradoura.
Touro	Tudo iniciado em Touro é duradouro, tende a valorizar e resiste a mudanças. Favorece a beleza e experiências que envolvam os sentidos físicos.
Gêmeos	Os empreendimentos iniciados sob este signo estão sujeitos a sofrer mudanças graças às influências externas. Bom para fazer cursos rápidos, travar diálogos, jogar e se divertir.
Câncer	Estimula o entendimento emocional. Dá ênfase às necessidades das pessoas e favorece o crescimento e o apoio emocional. Beneficia questões domésticas.
Leão	Centraliza a atenção em si próprio, nas ideias e instituições, sem se ligar às pessoas e às suas necessidades emocionais.

Signo da Lua	Características
Virgem	Valoriza detalhes e hierarquias. Dá especial atenção à saúde, à higiene e aos compromissos do dia a dia.
Libra	Favorece a cooperação, as atividades sociais, a beleza dos ambientes, o equilíbrio e a parceria.
Escorpião	Aumenta a consciência dos poderes psíquicos. Precipita crises psíquicas e favorece rompimentos. Estimula a reflexão.
Sagitário	Estimula os voos da imaginação e a autoconfiança. Esse é um signo aventureiro, filosófico e atlético. Favorece a expansão e o crescimento pessoal.
Capricórnio	Focaliza as tradições, as responsabilidades e os deveres. Um bom período para estabelecer limites e regras.
Aquário	Energia de rebeldia. Época de romper hábitos e fazer mudanças repentinas. A liberdade pessoal e a individualidade são as questões mais valorizadas.
Peixes	O foco está nos sonhos, na nostalgia, na intuição e nas impressões psíquicas. Um bom momento para atividades espirituais e filantrópicas.

Luas fora de curso

A Lua dá uma volta em torno da Terra a cada 28 dias, permanecendo em cada signo do zodíaco durante dois dias e meio, aproximadamente. À medida que passa pelos 30 graus de cada signo, ela "visita" os planetas, formando aspectos ou ângulos com eles. Como se move um grau a cada duas horas e meia, sua influência sobre cada planeta dura apenas poucas horas. À medida que se aproxima dos últimos graus de um signo, ela acaba atingindo o planeta que está no grau mais alto desse signo, formando com ele um aspecto final antes de deixar o signo. Esse é um aspecto lunar de grande importância na magia. Quando forma esse último aspecto com o planeta até o momento em que sai desse signo para entrar no próximo, dizem que a Lua está fora de curso. Isso dura apenas algumas horas, porém essas horas são de suma importância em toda ação humana e especialmente na prática da magia, já que durante esse período a Lua está sem direção e tudo o que se faça ou comece se revela muito mais imprevisível. Essa é uma das razões por que muitas magias são ineficazes. Quando a Lua está nesse período não se deve começar nada novo, pois isso pode nunca chegar a se realizar. No entanto, como mostra o artigo "Lua Oculta", existem magias cujo período mais favorável é justamente o da Lua fora de curso! **Obs.: As datas de início e final das Luas fora de curso estão indicadas ao longo do Calendário sob a sigla LFC (*Lua Fora de Curso*).**

Lua Negra

A fase lunar denominada Lua Negra acontece mensalmente, nos três dias que antecedem a Lua Nova. Durante esse período, o fino disco da Lua Minguante diminui até desaparecer na escuridão da noite. A Lua Negra facilita o acesso aos mundos e planos sutis e às profundezas de nossa psique. Por isso é considerada uma fase favorável para trabalhos de transformação e renovação. É também um período favorável para rituais de cura e regeneração. Também é propícia para rituais de eliminação de uma maldição, correção de uma disfunção, afastamento dos obstáculos ou das dificuldades à realização afetiva ou profissional, eliminação de resíduos energéticos negativos de pessoas, objetos e ambientes. **As Luas Negras de 2019 estão indicadas no Calendário.**

Lua Rosa

Ver artigo "Feitiço da Lua Rosa", na página 54.

Lua Vermelha

Na Antiguidade, o ciclo menstrual da mulher seguia as fases da Lua com tanta precisão que a gestação era contada por luas. Com o passar do tempo, a mulher foi se distanciando dessa sintonia e perdendo o contato com o próprio ritmo do corpo, o que gerou vários desequilíbrios hormonais, emocionais e psíquicos. Para restabelecer essa sincronicidade natural, a mulher deve se reconectar à Lua, observando a relação entre as fases lunares e o seu ciclo menstrual.

Lua Violeta

Menos conhecida e divulgada, a Lua Violeta acontece quando ocorrem duas luas novas no mesmo mês. O período de três dias – que antecede a segunda Lua nova – proporciona energias purificadoras e transmutadoras, e, portanto, oferece as condições ideais para a introspecção e a meditação ampla e profunda, bem como a reavaliação de valores, atitudes e objetivos. **Há uma Lua Violeta em agosto de 2019.**

Cores e incensos de cada dia da semana

Este ano, foram sugeridos para cada dia da semana cores e aromas de incensos. Por isso, se você usar velas e incensos nos seus encantamentos e rituais, ou quiser uma sugestão de cor favorável para o dia em questão, pode consultar o nosso Calendário.

Símbolos dos planetas e signos do zodíaco

Planetas		*Signos*	
☉	Sol	♈	Áries
♃	Júpiter	♉	Touro
☾	Lua	♊	Gêmeos
♄	Saturno	♋	Câncer
☿	Mercúrio	♌	Leão
♅	Urano	♍	Virgem
♀	Vênus	♎	Libra
♆	Netuno	♏	Escorpião
♂	Marte	♐	Sagitário
♇	Plutão	♑	Capricórnio
		♒	Aquário
		♓	Peixes

Sabás, Luas e Eclipses de 2019

5 de janeiro	Lua Nova às 22h29
5 de janeiro	Eclipse parcial do Sol às 22h29
14 de janeiro	Lua Crescente às 3h47
21 de janeiro	Lua Cheia às 2h17 (Lua Rosa)
21 de janeiro	Eclipse total da Lua às 2h17
27 de janeiro	Lua Minguante às 18h12
2 de fevereiro	Imbolc (HN)
	Lammas (HS)
4 de fevereiro	Nova às 18h05
12 de fevereiro	Lua Crescente às 19h27
19 de fevereiro	Lua Cheia às 12h55
26 de fevereiro	Lua Minguante às 8h29
6 de março	Lua Nova às 13h05
14 de março	Lua Crescente às 7h28
20 de março	Lua Cheia às 22h44
20 de março	Ostara – Equinócio de primavera (HS)
	Mabon – Equinócio de outono (HN)
28 de março	Lua Minguante à 1h11
5 de abril	Lua Nova às 5h52
12 de abril	Lua Crescente às 16h07
19 de abril	Lua Cheia às 8h13 (Lua Rosa)
26 de abril	Lua Minguante às 19h19
30 de abril	Beltane (HN)
	Samhain (HS)
4 de maio	Lua Nova às 19h47
11 de maio	Lua Crescente às 22h13
18 de maio	Lua Cheia à 18h13
26 de maio	Lua Minguante às 13h35

3 de junho	Lua Nova às 7h03
10 de junho	Lua Crescente às 3h00
17 de junho	Lua Cheia às 5h32
21 de junho	Litha – Solstício de verão (HN)
	Yule – Solstício de inverno (HS)
25 de junho	Lua Minguante à 6h48
2 de julho	Lua Nova à 16h17
2 de julho	Eclipse total do Sol às 16h17
9 de julho	Lua Crescente às 7h56
16 de julho	Lua Cheia às 18h39
16 de julho	Eclipse parcial da Lua às 18h39
24 de julho	Lua Minguante às 22h19
1º de agosto	Lua Nova à 0h13
1º de agosto	Lammas (HN)
	Imbolc (HS)
7 de agosto	Lua Crescente às 14h32
15 de agosto	Lua Cheia às 9h30 (Lua Rosa)
23 de agosto	Lua Minguante às 11h57
30 de agosto	Lua Nova às 7h38 (Lua Violeta)
6 de setembro	Lua Crescente à 0h12
14 de setembro	Lua Cheia à 1h34
21 de setembro	Lua Minguante às 23h42
23 de setembro	Mabon – Equinócio de outono (HN)
	Ostara – Equinócio de primavera (HS)
28 de setembro	Lua Nova às 15h28
5 de outubro	Lua Crescente às 13h48
13 de outubro	Lua Cheia às 18h09
21 de outubro	Lua Minguante às 9h40
28 de outubro	Lua Nova à 0h40
31 de outubro	Samhain (HN)
	Beltane (HS)

4 de novembro	Lua Crescente às 7h24
12 de novembro	Lua Cheia às 10h36 (Lua Rosa)
19 de novembro	Lua Minguante às 18h12
26 de novembro	Lua Nova às 12h07
4 de dezembro	Lua Crescente às 3h59
12 de dezembro	Lua Cheia às 2h13
19 de dezembro	Lua Minguante às 1h58
22 de dezembro	Yule – Solstício de inverno (HN)
	Litha – Solstício de verão (HS)
26 de dezembro	Lua Nova às 2h14
26 de dezembro	Eclipse anular do Sol às 2h14

Nossa atenção divaga e perambula pelo passado ou pelo futuro. Podemos olhar para o futuro com expectativa. Ou podemos rever constantemente o passado, lamentando o que passou. Pode ser até que, assim estamos nos preparando melhor para o futuro. É possível que tenhamos sobrevivido como espécie e nos tornado os maiores predadores do planeta em parte porque somos competentes em fazer essas coisas. Mas isso tem um preço, e esse preço pode ser a totalidade de nossa vida. Se a sua atenção está sempre no futuro ou no passado, neste momento você não está aqui. Não está completamente vivo.

Calendário Wicca 2019

Legendas

Todos os horários do *Almanaque Wicca* seguem a Hora de Brasília. Se houver horário de verão, somar 1 hora.

♈ Áries   ♊ Gêmeos   ♌ Leão   ♎ Libra   ♐ Sagitário   ♒ Aquário
♉ Touro   ♋ Câncer   ♍ Virgem   ♏ Escorpião   ♑ Capricórnio   ♓ Peixes

- ● Lua Nova
- ◐ Lua Minguante
- ○ Lua Cheia
- ◑ Lua Crescente

HN = Hemisfério Norte
HS = Hemisfério Sul
ILFC = Início da Lua Fora de Curso
FLFC = Final da Lua Fora de Curso

Dia do mês → **6**
Signo da Lua → Lua em ♈ às 16h46
Horário do início e final da Lua Fora de Curso → ILFC: 6h45 / FLFC: 16h46
Fase da Lua
Signo do Sol → O Sol entra em ♋ às 11h23
Datas e festivais → Epifania ou Dia de Reis / Dia de Morrigan, deusa tríplice celta
Cor e aroma do dia → Dourado / Cravo

Janeiro de 2019

DOMINGO	SEGUNDA	TERÇA	QUARTA	QUINTA	SEXTA	SÁBADO
		1 ● Lua em ♏, ILFC: 19h27 Dia Mundial da Paz Dia consagrado ao par divino Zeus e Hera Festival romano de Strenia, com troca de presentes Janualias Branco Sândalo	**2** ● (Lua Negra) Lua em ♐ às 6h00 FLFC: 6h00 Advento de Ísis Celebração das Nornes, deusas do destino Amarelo Eucalipto	**3** ● (Lua Negra) Lua em ♐ Festival romano em honra de Pax, deusa da paz Festival Lanaia em honra a Dioniso Verde Manjericão	**4** ● (Lua Negra) Lua em ♐ às 15h56 ILFC: 14h43 FLFC: 15h56 Ritual coreano das Sete Estrelas Vermelho Violetas	**5** ● às 22h29 Lua em ♑ Eclipse parcial do Sol às 22h29 Festa de Bafana, na Itália, reminiscência da antiga celebração à deusa Befana, a Anciã, também chamada de La Vecchia ou La Strega Azul Cedro
6 ● Lua em ♑ Dia de Morrigan, deusa tríplice celta Epifania ou Dia de Reis Roxo Alfazema	**7** ● Lua em ♒ às 3h47 ILFC: 3h21 FLFC: 3h47 Dia da Liberdade de Cultos Sekhmet, Ano Novo Egípcio Lilás Hortênsia	**8** ● Lua em ♒ Ano-Novo dos druidas Festival de Justitia, em honra da deusa romana da justiça Dia de Freia, deusa nórdica do amor, da fertilidade e da magia Preto Rosas	**9** ● Lua em ♓ às 16h45 ILFC: 13h54 FLFC: 16h45 Festa da Agonia, dedicada ao deus Janus, padroeiro do mês Marrom Laranja	**10** ● Lua em ♓ Início da Carmentália, festival dedicado à deusa Carmenta (até 15/01) Azul-marinho Jasmim	**11** ● Lua em ♓ ILFC: 11h26 Dia de Frigga, deusa nórdica consorte do deus Odin Laranja Cravo-da-índia	**12** ● Lua em ♈ às 5h19 FLFC: 5h19 Festival de Compitália, em honra dos Lares Festival indiano de Sarasvati, deusa dos rios, das artes e do conhecimento Cor-de-rosa Erva-cidreira

DOMINGO	SEGUNDA	TERÇA	QUARTA	QUINTA	SEXTA	SÁBADO
13 ● Lua em ♈ Lilás Sândalo	14 ● às 3h47 Lua em ♉ às 15h32 ILFC: 12h57 FLFC: 15h32 Makara Sankranti, celebração hindu com banho no rio Ganges Cinza Eucalipto	15 ● Lua em ♉ Laranja Manjericão	16 ● Lua em ♊ às 22h01 ILFC: 15h35 FLFC: 22h01 Festival da Concórdia, deusa romana das relações harmoniosas Festival hindu de Ganesha, deus-elefante, filho da deusa Parvati Roxo Violetas	17 ● Lua em ♊ Festival celta das Macieiras Dia de Felicitas, deusa romana da boa sorte e da felicidade Dia da deusa grega Athena em seu aspecto guerreira Cor-de-rosa Cedro	18 ● Lua em ♊ ILFC: 22h34 Festival hindu ao deus e à deusa Surya, divindades solares regentes da luz Branco Jasmim	19 ● Lua em ♋ à 0h45 FLFC: 0h45 Amarelo Laranja
20 ○ Lua em ♋ ILFC: 22h51 O Sol entra em ♒ às 6h01 Dia da Santa Inês ou Agnes, época da divinação pelo fogo Verde Rosas	21 ○ às 2h17 (Lua Rosa) Lua em ♌ à 0h56 Eclipse total da Lua às 2h17 FLFC: 0h56 Celebração de Baba Yaga, nos países eslavos Dia Mundial da Religião Vermelho Hortênsia	22 ○ Lua em ♌ ILFC: 22h21 Festival das Musas, honrando as deusas da poesia, da arte, da música e da dança Preto Alfazema	23 ○ Lua em ♍ à 0h23 FLFC: 0h23 Celebração da deusa lunar egípcia Hathor, deusa da beleza, do amor e da arte Azul Cedro	24 ○ Lua em ♍ ILFC: 10h52 Lilás Violetas	25 ○ Lua em ♎ à 1h04 FLFC: 1h04 Amarelo Manjericão	26 ○ Lua em ♎ Celebração de Cernunnos, o deus celta da fertilidade, senhor dos animais e da vegetação Laranja Eucalipto
27 ◐ às 18h12 Lua em ♏ às 4h32 ILFC: 2h22 FLFC: 4h32 Feriae Sementiva, festival romano em honra às deusas dos grãos e da colheita Azul-marinho Sândalo	28 ◐ Lua em ♏ ILFC: 19h40 Dia da deusa Pele, padroeira do Havaí, guardiã do fogo vulcânico Azul Erva-cidreira	29 ◐ Lua em ♐ às 11h34 FLFC: 11h34 Celebração de Concórdia, a deusa romana da paz e da harmonia domésticas Roxo Cravo-da-índia	30 ◐ Lua em ♐ Festival da Paz, dedicado à deusa romana Pax Celebração das deusas da cura Anceta e Angitia, cujas ervas sagradas e encantamentos curavam as febres e picadas de cobra Festa de Nosso Senhor do Bonfim e de Nossa Senhora das Águas Marrom Jasmim	31 ◐ às 21h48 Lua em ♑ às 19h34 ILFC: 19h34 FLFC: 21h48 Véspera de Fevereiro, início do festival de Imbolc Dia consagrado às Valquírias e às Parcas Preto Laranja		

Fevereiro de 2019

DOMINGO	SEGUNDA	TERÇA	QUARTA	QUINTA	SEXTA	SÁBADO
					1 ● (Lua Negra) Lua em ♑ Festival da deusa celta Brighid Véspera de Imbolc/ Lammas Cinza Hortênsia	**2** ● (Lua Negra) Lua em ♑ Festival de Juno Februa, a deusa que preside o mês de fevereiro Festa de Iemanjá Imbolc (HN) Lammas (HS) Verde Rosas
3 ● (Lua Negra) Lua em ♒ às 10h04 ILFC: 7h54 FLFC: 10h04 Branco Alfazema	**4** ● às 18h05 Lua em ♒ Vermelho Cedro	**5** ● Lua em ♓ às 23h03 ILFC: 21h00 FLFC: 23h03 Cor-de-rosa Violetas	**6** ● Lua em ♓ Festival em honra de Afrodite, deusa grega do amor Amarelo Manjericão	**7** ● Lua em ♓ ILFC: 19h15 Preto Eucalipto	**8** ● Lua em ♈ às 11h35 FLFC: 11h35 Azul Sândalo	**9** ● Lua em ♈ Dia de Apolo, a divindade do Sol Roxo Erva-cidreira

DOMINGO	SEGUNDA	TERÇA	QUARTA	QUINTA	SEXTA	SÁBADO
10 ● Lua em ♉ às 22h30 ILFC: 20h49 FLFC: 22h30	**11** ● Lua em ♉	**12** ● às 19h27 Lua em ♉ ILFC: 19h27 Dia consagrado às deusas da caça, Ártemis e Diana	**13** ● Lua em ♊ às 6h33 FLFC: 6h33 Parentálias, festival romano em honra dos mortos (até 28/02) Cinzas	**14** ● Lua em ♊ Dia de São Valentim, festival do amor, também dedicado a Juno Februa	**15** ● Lua em ♋ às 11h04 ILFC: 9h50 FLFC: 11h04 Lupercais, festival romano em honra do deus Pã	**16** ● Lua em ♋ Final do Horário de Verão Faunálias, festas romanas em honra dos faunos Ano-Novo Chinês (Cão)
Branco Cravo-da-índia	Cinza Hortênsia	Lilás Alfazema	Marrom Jasmim	Laranja Cravo-da-índia	Cor-de-rosa Erva-cidreira	Amarelo Sândalo
17 ● Lua em ♌ às 12h22 ILFC: 11h18 FLFC: 12h22 Dia da deusa Kali na Índia	**18** ● Lua em ♌ O Sol entra em ♓ às 20h05	**19** ○ às 12h55 Lua em ♍ às 11h48 ILFC: 10h52 FLFC: 11h48	**20** ○ Lua em ♍ ILFC: 22h53	**21** ○ Lua em ♎ às 11h18 FLFC: 11h18 Ferálias, festas romanas em honra dos deuses Manes, espíritos dos mortos	**22** ○ Lua em ♎ Festival romano da deusa Concórdia Festival das Lanternas	**23** ○ Lua em ♏ às 12h57 ILFC: 12h12 FLFC: 12h57 Terminálias, festival romano em honra de Termo, deus das fronteiras
Branco Eucalipto	Cinza Manjericão	Azul-marinho Violetas	Laranja Cedro	Amarelo Alfazema	Verde Hortênsia	Vermelho Rosas
24 ○ Lua em ♏	**25** ○ Lua em ♐ às 18h21 ILFC: 9h15 FLFC: 18h21	**26** ● às 8h29 Lua em ♐	**27** ● Lua em ♐ Dia da Anciã	**28** ● Lua em ♑ às 3h49 ILFC: 3h18 FLFC: 3h49		
Preto Laranja	Azul Jasmim	Verde Sândalo	Laranja Eucalipto	Branco Manjericão		

Março de 2019

DOMINGO	SEGUNDA	TERÇA	QUARTA	QUINTA	SEXTA	SÁBADO
					1 ● Lua em ♑ Matronálias, festas romanas em homenagem à maternidade de Juno, protetora dos casamentos Dia em que as vestais alimentavam o fogo sagrado, anunciando o Ano Novo Romano Amarelo Rosas	2 ● Lua em ♒ às 16h07 ILFC: 15h48 FLFC: 16h07 Dia consagrado a Ceadda, deusa das fontes e poços sagrados Azul-marinho Cravo-da-índia
3 ● (Lua Negra) Lua em ♒ Isidis Navigatum, Benção egípcia das Frotas Roxo Violetas	4 ● (Lua Negra) Lua em ♒ Festival celta em honra a Rhiannon, deusa donzela, relacionada à deusa Perséfone Cor-de-rosa Hortênsia	5 ● (Lua Negra) Lua em ♒ ♓ às 5h12 ILFC: 5h06 FLFC: 5h12 Cinza Cedro	6 ● às 13h05 Lua em ♓ Preto Jasmim	7 ● Lua em ♈ às 17h29 ILFC: 16h09 FLFC: 17h29 Laranja Laranja	8 ● Lua em ♈ Dia Internacional da Mulher Lilás Rosas	9 ● Lua em ♈ ILFC: 14h15 Vermelho Hortênsia

DOMINGO	SEGUNDA	TERÇA	QUARTA	QUINTA	SEXTA	SÁBADO
				14 ● às 7h28 Lua em ♋ às 18h50 ILFC: 9h32 FLFC: 18h50 Dia de Ua Zit, deusa-serpente egípcia	**15** ● Lua em ♋ Festival romano em honra de Ana Perena, deusa dos anos Festival em honra de Átis e Cibele Dia sagrado de Reia, deusa grega da terra, mãe de Zeus e um aspecto da Grande Mãe Amarelo Manjericão	**16** ● Lua em ♌ às 21h58 ILFC: 15h04 FLFC: 21h58 Festival do deus grego Dioniso, deus do vinho Dia dedicado a Morgan Le Fay Vermelho Cedro
10 ● Lua em ♉ às 4h11 FLFC: 4h11 Verde Alfazema	**11** ● Lua em ♉ Marrom Cravo-da-índia	**12** ● Lua em ♊ às 12h49 ILFC: 6h32 FLFC: 12h49 Festa de Marduk, deus supremo da Babilônia Dia do Martírio de Hipátia, conhecida como a Pagã Divina Azul-marinho Erva-cidreira	**13** ● Lua em ♊ Dia da Sorte na Wicca Laranja Eucalipto			
17 ● Lua em ♌ Liberálias, festas romanas em honra de Liber, deus da fecundidade Vermelho Eucalipto	**18** ● Lua em ♍ às 22h42 ILFC: 12h20 FLFC: 22h42 Verde Violetas	**19** ● Lua em ♍ Quinquátrias, festas romanas em honra de Minerva, deusa que personificava o pensamento (até 23/03) A véspera do equinócio é um dos festivais da deusa grega Atenas Marrom Laranja	**20** ○ às 22h44 Lua em ♎ às 22h29 O Sol entra em ♈ às 19h00 Início do Outono às 19h00 ILFC: 12h23 FLFC: 22h29 Ostara – Equinócio da Primavera (HN) Mabon – Equinócio do Outono (HS) Verde Cravo-da-índia	**21** ○ Lua em ♎ Verde Sândalo	**22** ○ Lua em ♏ às 23h17 ILFC: 15h11 FLFC: 23h17 Laranja Sândalo	**23** ○ Lua em ♏ Azul Manjericão
24 ○ Lua em ♏ ILFC: 23h25 Dia da deusa guardiã Albion ou Britânia (Grã-Bretanha) Preto Hortênsia	**25** ○ Lua em ♐ às 3h07 FLFC: 3h07 Hilárias, festas romanas em honra de Cibele Branco Rosas	**26** ○ Lua em ♐ ILFC: 23h38 Marrom Alfazema	**27** ○ Lua em ♑ às 11h09 FLFC: 11h09 Azul-marinho Cedro	**28** ● à 1h11 Lua em ♑ Antiga data do nascimento de Jesus Roxo Rosas	**29** ● Lua em ♒ às 22h47 ILFC: 21h06 FLFC: 22h47 Festival da deusa egípcia Ishtar Azul Hortênsia	**30** ● Lua em ♒ Festival de Luna, deusa romana da Lua Lilás Laranja
31 ● Lua em ♒ Branco Jasmim						

Abril de 2019

DOMINGO	SEGUNDA	TERÇA	QUARTA	QUINTA	SEXTA	SÁBADO
	1 ◐ Lua em ♓ às 11h49 ILFC: 0h03 FLFC: 11h49 Veneralias, festival romano em honra de Vênus, deusa da beleza e do amor Amarelo Erva-cidreira	2 ◐ (Lua Negra) Lua em ♓ Festival de Cibele, a Grande Mãe Marrom Cravo-da-índia	3 ● (Lua Negra) Lua em ♈ às 23h58 ILFC: 12h37 FLFC: 23h58 Preto Eucalipto	4 ● (Lua Negra) Lua em ♈ Megalésias, festas romanas em honra de Cibele, a Mãe dos Deuses Cinza Sândalo	5 ● às 5h52 Lua em ♈ ILFC: 23h16 Festival chinês em honra de Kuan Yin, deusa da cura Verde Violetas	6 ● Lua em ♉ às 10h07 FLFC: 10h07 Vermelho Manjericão
7 ● Lua em ♉ Dia Mundial da Saúde Azul Cedro	8 ● Lua em ♊ às 18h16 ILFC: 5h30 FLFC: 18h16 Roxo Hortênsia	9 ● Lua em ♊ Cor-de-rosa Alfazema	10 ● Lua em ♊ ILFC: 14h28 Dança do Sol no druidismo Azul-marinho Rosas	11 ● Lua em ♋ à 0h32 FLFC: 0h32 Lilás Jasmim	12 ◑ às 16h07 Lua em ♋ ILFC: 20h34 Preto Cravo-da-índia	13 ◑ Lua em ♌ às 4h51 FLFC: 4h51 Festival de primavera de Libertas, a deusa romana da Liberdade Ceredlias, festival romano em homenagem a Ceres, deusa da Terra e seus frutos Verde Erva-cidreira

DOMINGO	SEGUNDA	TERÇA	QUARTA	QUINTA	SEXTA	SÁBADO
14 ● Lua em ♌ ILFC: 22h40	15 ● Lua em ♍ às 7h15 FLFC: 7h15 Fordicálias, festas romanas em honra de Tellus, a personificação da Terra	16 ● Lua em ♍ Festival em honra do deus grego Apolo Antigo festival a deusa Tellus, muitas vezes chamada Tellus Mater, a Mãe Terra	17 ● Lua em ♎ às 8h23 ILFC: 1h30 FLFC: 8h23	18 ● Lua em ♎	19 ○ às 8h13 (Lua Rosa) Lua em ♏ às 9h42 ILFC: 8h13 FLFC: 9h42 Sexta-feira Santa	20 ○ Lua em ♏ O Sol entra em ♉ às 5h56
Marrom Sândalo	Amarelo Eucalipto	Azul Manjericão	Azul-marinho Cedro	Branco Violetas	Vermelho Alfazema	Cor-de-rosa Hortênsia
21 ○ Lua ♐ às 13h00 ILFC: 1h01 FLFC: 13h00 Parílias, festas romanas em honra de Pales, deusa dos pastores e das pastagens Tiradentes Páscoa	22 ○ Lua em ♐ Dia da Terra	23 ○ Lua em ♑ às 19h51 ILFC: 8h45 FLFC: 19h51 Vinálias, festas romanas em honra de Júpiter Dia de São Jorge	24 ○ Lua em ♑ Véspera do Dia de São Marcos, uma das noites tradicionais para se adivinhar o futuro	25 ○ Lua em ♑ ILFC: 16h49 Robigálias, festas romanas em honra de Robigo, deus dos trigais	26 ● às 19h19 Lua em ♒ às 6h29 FLFC: 6h29	27 ● Lua em ♒
Verde Rosas	Cinza Jasmim	Amarelo Laranja	Azul-marinho Sândalo	Laranja Cravo-da-índia	Preto Erva-cidreira	Azul Eucalipto
28 ● Lua em ♓ às 19h13 ILFC: 6h45 FLFC: 19h13 Florálias, festas romanas em honra de Flora, deusa da primavera e dos prazeres da juventude Verde Manjericão	29 ● Lua em ♓ Vermelho Violetas	30 ● Lua em ♓ ILFC: 18h58 Beltane – Véspera de Maio (HN) Samhain – Halloween (HS) Branco Cedro				

Maio de 2019

DOMINGO	SEGUNDA	TERÇA	QUARTA	QUINTA	SEXTA	SÁBADO
			1 ● (Lua Negra) Lua em ♈ às 7h25 FLFC: 7h25 Festival de Belenus, deus celta do fogo e do Sol Festa romana a Fauna, deusa da fertilidade Dia do Trabalho Dia de Maio Preto Alfazema	**2** ● (Lua Negra) Lua em ♈ Lilás Hortênsia	**3** ● (Lua Negra) Lua em ♉ às 17h19 ILFC: 5h48 FLFC: 17h19 Azul Rosas	**4** ● às 19h47 Lua em ♉ Lilás Laranja
5 ● Lua em ♉ ILFC: 12h11 Branco Jasmim	**6** ● Lua em ♊ à 0h41 FLFC: 0h41 Marrom Cravo-da-índia	**7** ● Lua em ♊ ILFC: 20h51 Cor-de-rosa Erva-cidreira	**8** ● Lua em ♋ às 6h08 FLFC: 6h08 Festival da Mente, deusa romana da inteligência e da espiritualidade Preto Sândalo	**9** ● Lua em ♋ ILFC: 23h07 Lemúrias, festas romanas para afastar os Lêmures, maus espíritos, celebradas também nos dias 11 e 13 de maio Cinza Eucalipto	**10** ● Lua em ♌ às 10h15 FLFC: 10h15 Amarelo Manjericão	**11** ◐ às 22h13 Lua em ♌ Azul-marinho Violetas

DOMINGO	SEGUNDA	TERÇA	QUARTA	QUINTA	SEXTA	SÁBADO
12 ○ Lua em ♍ às 13h23 ILFC: 9h26 FLFC: 13h23	**13** ● Lua em ♍	**14** ● Lua em ♎ às 15h52 ILFC: 14h20 FLFC: 15h52	**15** ● Lua em ♎ Mercuriais, festas romanas em honra de Mercúrio, deus do comércio	**16** ● Lua em ♏ às 18h27 ILFC: 6h39 FLFC: 18h27	**17** ● Lua em ♏ Festival de Dea Dia, a deusa em seu aspecto cosmos, mãe de todos nós	**18** ○ às 18h13 Lua em ♐ às 22h22 ILFC: 18h13 FLFC: 22h22 Dia consagrado a Apolo, deus greco-romano da música, da poesia, da divinação e da luz do sol
Laranja Cedro	Roxo Alfazema	Branco Hortênsia	Vermelho Rosas	Amarelo Laranja	Cinza Jasmim	Vermelho Cravo-da-índia
19 ○ Lua em ♐	**20** ○ Lua em ♐ ILFC: 14h06 Dia de Atenas na Grécia	**21** ○ Lua em ♑ às 4h57 O Sol entra em ♊ às 5h00 FLFC: 4h57 Celebração da deusa celta Maeve, deusa da sabedoria da terra	**22** ○ Lua em ♑	**23** ○ Lua em ♒ às 14h50 ILFC: 0h59 FLFC: 14h50 Festival das rosas, em homenagem à deusa romana Flora	**24** ○ Lua em ♒	**25** ○ Lua em ♒ ILFC: 9h52
Roxo Erva-cidreira	Verde Sândalo	Branco Eucalipto	Branco Manjericão	Marrom Violetas	Laranja Cedro	Preto Alfazema
26 ● às 13h35 Lua em ♓ às 3h09 FLFC: 3h09	**27** ● Lua em ♓	**28** ● Lua em ♈ às 15h33 ILFC: 1h22 FLFC: 15h33	**29** ● Lua em ♈	**30** ● Lua em ♈ ILFC: 12h09	**31** ● (Lua Negra) Lua em ♉ à 1h44 FLFC: 1h44 Selistérnio romano, festival de Ísis como Stella Maris (Estrela do Mar)	
Amarelo Hortênsia	Azul-marinho Rosas	Cor-de-rosa Laranja	Lilás Jasmim	Azul Cravo-da-índia	Vermelho Erva-cidreira	

Junho de 2019

DOMINGO	SEGUNDA	TERÇA	QUARTA	QUINTA	SEXTA	SÁBADO
						1 ● (Lua Negra) Lua em ♉ ILFC: 19h54 Festival consagrado a Carna, a deusa romana das portas e fechaduras, protetora da vida familiar Festa romana de Juno Moneta Cinza Sândalo
2 ● (Lua Negra) Lua em ♊ às 8h49 FLFC: 8h49 Dia consagrado à Mãe Terra, em seu aspecto fértil Branco Eucalipto	3 ● às 7h03 Lua em ♊ Belonárias, festas romanas em honra de Belona, deusa da guerra Nada existe de permanente a não ser a mudança Amarelo Manjericão	4 ● Lua em ♋ às 13h18 ILFC: 12h43 FLFC: 13h18 Vermelho Violetas	5 ● Lua em ♋ Azul Cedro	6 ● Lua em ♌ às 16h17 ILFC: 11h11 FLFC: 16h17 Laranja Alfazema	7 ● Lua em ♌ Vestálias, festas romanas em honra de Vesta, deusa do fogo doméstico Roxo Hortênsia	8 ● Lua em ♍ às 18h46 ILFC: 18h24 FLFC: 18h46 Festival romano da consciência, personificado pela deusa Mens, a mente Verde Rosas

DOMINGO	SEGUNDA	TERÇA	QUARTA	QUINTA	SEXTA	SÁBADO
9 ● Lua em ♍ Branco Laranja	10 ● às 3h00 Lua em ♎ às 21h30 ILFC: 9h03 FLFC: 21h30 Marrom Jasmim	11 ● Lua em ♎ Matrálias, festas romanas em honra de Matuta, padroeira das tias Azul-marinho Cravo-da-índia	12 ● Lua em ♎ ILFC: 12h16 Véspera de Santo Antônio Dia dos namorados Verde Erva-cidreira	13 ● Lua em ♏ à 1h04 FLFC: 1h04 Dia de Santo Antônio Amarelo Sândalo	14 ● Lua em ♏ ILFC: 16h47 Marrom Eucalipto	15 ● Lua em ♐ às 6h04 FLFC: 6h04 Azul Manjericão
16 ● Lua em ♐ Cor-de-rosa Violetas	17 ○ às 5h32 Lua em ♑ às 13h14 ILFC: 5h32 FLFC: 13h14 Festival romano de Ludi Piscatari, festival dos pescadores Lilás Cedro	18 ○ Lua em ♑ Verde Alfazema	19 ○ Lua em ♒ às 23h02 ILFC: 8h20 FLFC: 23h02 Dia de Cerridween no paganismo Cinza Hortênsia	20 ○ Lua em ♒ Corpus Christi Roxo Rosas	21 ○ Lua em ♒ O Sol entra em ♋ às 12h55 Início do Inverno às 12h55 ILFC: 11h03 Litha: Solstício de Verão (HN) Yule: Solstício de Inverno (HS) Branco Laranja	22 ○ Lua em ♓ às 11h03 FLFC: 11h03 Dia de Cu Chulainn no druidismo Marrom Jasmim
23 ○ Lua em ♓ Véspera de São João Azul-marinho Cravo-da-índia	24 ○ Lua em ♈ às 23h39 ILFC: 20h11 FLFC: 23h39 Dia de São João Verde Erva-cidreira	25 ● às 6h48 Lua em ♈ Lilás Sândalo	26 ● Lua em ♈ Preto Eucalipto	27 ● Lua em ♉ às 10h33 ILFC: 4h52 FLFC: 10h33 Início do festival romano de Initium Aestatis, festival do início do verão Roxo Manjericão	28 ● Lua em ♉ Véspera de São Pedro Amarelo Violetas	29 ● (Lua Negra) Lua em ♊ às 18h10 ILFC: 15h39 FLFC: 18h10 Dia de São Pedro Cor-de-rosa Cedro
30 ● (Lua Negra) Lua em ♊ Vermelho Alfazema						

Julho de 2019

DOMINGO	SEGUNDA	TERÇA	QUARTA	QUINTA	SEXTA	SÁBADO
	1 ● (Lua Negra) Lua em ♋ às 22h25 ILFC: 18h49 FLFC: 22h25	2 ● às 16h17 Lua em ♋ Eclipse total do Sol às 16h17	3 ● Lua em ♋ ILFC: 11h26 Festival celta celebrando a deusa Cerridwen, a Detentora do caldeirão Sagrado	4 ● Lua em ♌ à 0h20 FLFC: 0h20	5 ● Lua em ♌ ILFC: 3h26	6 ● Lua em ♍ à 1h26 FLFC: 1h26
	Marrom Hortênsia	Branco Rosas	Preto Laranja	Cinza Jasmim	Azul-marinho Cravo-da-índia	Verde Erva-cidreira
7 ● Lua em ♍ ILFC: 13h51 Festival romano da Consualia, em homenagem a Consus, o deus da colheita	8 ● Lua em ♎ às 3h08 FLFC: 3h08	9 ◐ às 7h56 Lua em ♎ ILFC: 16h37 Revolução Constitucionalista	10 ◐ Lua em ♏ às 6h30 FLFC: 6h30	11 ◐ Lua em ♏ ILFC: 21h30 Dia do deus egípcio Hórus	12 ◐ Lua em ♐ às 12h06 FLFC: 12h06 Dia do deus egípcio Set Adônia, festa grega do amor	13 ◐ Lua em ♐ ILFC: 22h31
Lilás Sândalo	Vermelho Eucalipto	Roxo Alfazema	Laranja Hortênsia	Preto Jasmim	Branco Rosas	Verde Laranja

DOMINGO	SEGUNDA	TERÇA	QUARTA	QUINTA	SEXTA	SÁBADO
14 ● Lua em ♑ às 20h06 FLFC: 20h06 Amarelo Jasmim	15 ● Lua em ♑ Dia da deusa egípcia Néftis Azul-marinho Erva-cidreira	16 ○ às 18h39 Lua em ♑ Eclipse parcial da Lua às 18h39 ILFC: 18h39 Roxo Cravo-da-índia	17 ○ Lua em ♒ às 6h20 FLFC: 6h20 Noite egípcia do Berço Lilás Sândalo	18 ○ Lua em ♒ ILFC: 12h55 Noite egípcia da Gota Marrom Eucalipto	19 ○ Lua em ♓ às 18h20 FLFC: 18h20 Branco Manjericão	20 ○ Lua em ♓ Verde Cedro
21 ○ Lua em ♓ Cinza Violetas	22 ○ Lua em ♈ às 7h03 O Sol entra em ♎ às 23h52 ILFC: 5h35 FLFC: 7h03 Preto Hortênsia	23 ○ Lua em ♈ Neptunais, festas e jogos romanos em honra de Netuno, deus dos mares Vermelho Alfazema	24 ● às 22h19 Lua em ♉ às 18h43 ILFC: 11h49 FLFC: 18h43 Amarelo Rosas	25 ● Lua em ♉ Azul Jasmim	26 ● Lua em ♉ Laranja Laranja	27 ● Lua em ♊ às 3h30 ILFC: 1h29 FLFC: 3h30 Marrom Cravo-da-índia
28 ● Lua em ♊ ILFC: 12h25 Branco Erva-cidreira	29 ● (Lua Negra) Lua em ♋ às 8h32 FLFC: 8h32 Preto Sândalo	30 ● (Lua Negra) Lua em ♋ Azul Eucalipto	31 ● (Lua Negra) Lua em ♌ às 10h19 ILFC: 0h34 FLFC: 10h19 Verde Manjericão			

Agosto de 2019

DOMINGO	SEGUNDA	TERÇA	QUARTA	QUINTA	SEXTA	SÁBADO
				1 ● à 0h13 Lua em ♌ ILFC: 17h49 Festival de Lug, deus-herói celta Lammas (HN) Imbolc (HS) Vermelho Violetas	2 ● Lua em ♍ às 10h22 FLFC: 10h22 Cor-de-rosa Cedro	3 ● Lua em ♍ Preto Alfazema
4 ● Lua em ♎ às 10h31 ILFC: 1h28 FLFC: 10h31 Cinza Hortênsia	5 ● Lua em ♎ Marrom Rosas	6 ● Lua em ♏ às 12h33 ILFC: 4h37 FLFC: 12h33 Laranja Laranja	7 ◐ às 14h32 Lua em ♏ Festa egípcia da Inebriação em honra a Hathor Verde Jasmim	8 ◐ Lua em ♐ às 17h36 ILFC: 11h59 FLFC: 17h36 Branco Cravo-da-índia	9 ◐ Lua em ♐ Festival dos Espíritos do Fogo no neopaganismo Amarelo Erva-cidreira	10 ◐ Lua em ♐ ILFC: 16h52 Azul-marinho Sândalo

DOMINGO	SEGUNDA	TERÇA	QUARTA	QUINTA	SEXTA	SÁBADO
						17 ○ Lua em ♓ ILFC: 19h36 Portumnálias, festas romanas em honra de Portumno, deus dos portos Laranja Rosas
11 ● Lua em ♑ à 1h51 FLFC: 1h51 Lilás Eucalipto	12 ● Lua em ♑ ILFC: 19h13 Festival egípcio das Luzes de Ísis Verde Manjericão	13 ● Lua em ♒ às 12h37 FLFC: 12h37 Festival da deusa Hécate, deusa que protege dos perigos e das maldições Vermelho Violetas	14 ● Lua em ♒ Preto Cedro	15 ○ às 9h30 (Lua Rosa) Lua em ♒ ILFC: 22h03 Nemorálias romanas, festa das mulheres e da luz Roxo Alfazema	16 ○ Lua em ♓ à 0h51 FLFC: 0h51 Branco Hortênsia	
18 ○ Lua em ♈ às 13h34 FLFC: 13h34	19 ○ Lua em ♈ Vinálias, festas romanas em honra de Vênus, deusa do amor	20 ○ Lua em ♈	21 ○ Lua em ♉ à 1h38 ILFC: 1h08 FLFC: 1h38 Consuálias, festas romanas em honra de Conso, deus do conselho	22 ○ Lua em ♉ ILFC: 18h34	23 ◐ às 11h57 Lua em ♊ às 11h35 O Sol entra em ♍ às 7h03 FLFC: 11h35 Vulcanálias, festival romano em honra de Vulcano, deus do fogo e dos vulcões Dia da deusa grega Némesis, defensora das relíquias e da memória dos mortos Azul-marinho Eucalipto	24 ◐ Lua em ♊ Festival em homenagem aos Manes, espíritos dos ancestrais Vermelho Violetas
Azul Laranja	Verde Jasmim	Marrom Erva-cidreira	Preto Cravo-da-índia	Branco Sândalo		
25 ● Lua em ♋ às 18h06 ILFC: 4h00 FLFC: 18h06 Opiconsívias Laranja Manjericão	26 ● Lua em ♋	27 ● (Lua Negra) Lua em ♌ às 5h56 FLFC: 20h55 Roxo Alfazema	28 ● (Lua Negra) Lua em ♌ ILFC: 21h08 Vermelho Hortênsia	29 ● (Lua Negra) Lua em ♍ às 20h58 FLFC: 20h58 Cinza Rosas	30 ● às 7h38 Lua em ♍ Verde Laranja	31 ● Lua em ♎ às 20h09 ILFC: 5h47 FLFC: 20h09 Branco Jasmim
	Lilás Cedro					

Setembro de 2019

DOMINGO	SEGUNDA	TERÇA	QUARTA	QUINTA	SEXTA	SÁBADO
1 ● Lua em ♎︎ Preto Cravo-da-índia	**2** ● Lua em ♏︎ às 20h36 ILFC: 5h35 FLFC: 20h36 Festejos a Ariadne e a Dioniso na Grécia Verde Erva-cidreira	**3** ● Lua em ♏︎ Cor-de-rosa Sândalo	**4** ● Lua em ♏︎ ILFC: 7h59 Amarelo Eucalipto	**5** ● Lua em ♐︎ à 0h09 FLFC: 0h09 Preto Manjericão	**6** ● à 0h12 Lua em ♐︎ ILFC: 13h04 Laranja Violetas	**7** ☾ Lua em ♑︎ às 7h38 FLFC: 7h38 Independência do Brasil Lilás Jasmim
8 ☾ Lua em ♑︎ Azul-marinho Laranja	**9** ☾ Lua em ♒︎ às 18h25 ILFC: 5h31 FLFC: 18h25 Marrom Rosas	**10** ☾ Lua em ♒︎ Azul Hortênsia	**11** ☾ Lua em ♒︎ ILFC: 2h24 Dias das Rainhas no Egito Vermelho Alfazema	**12** ☾ Lua em ♓︎ às 6h53 FLFC: 6h53 Amarelo Cedro	**13** ☾ Lua em ♓︎ Festival romano do Lectistérnio, em homenagem a Júpiter, Juno e Minerva, praticado nos tempos de calamidade pública Branco Cravo-da-índia	**14** ○ à 1h34 Lua em ♈︎ às 19h34 ILFC: 1h34 FLFC: 19h34 Preto Sândalo

DOMINGO	SEGUNDA	TERÇA	QUARTA	QUINTA	SEXTA	SÁBADO
15 ○ Lua em ♈ Cor-de-rosa Erva-cidreira	16 ○ Lua em ♈ ILFC: 13h04 Vermelho Eucalipto	17 ○ Lua em ♉ às 7h32 FLFC: 7h32 Honras a Deméter na Grécia Celebração egípcia do aniversário de Hathor Lilás Manjericão	18 ○ Lua em ♉ Cinza Violetas	19 ○ Lua em ♊ às 17h59 ILFC: 10h58 FLFC: 17h59 Festival egípcio em honra a Thoth, deus da sabedoria e da magia Branco Cedro	20 ○ Lua em ♊ Roxo Alfazema	21 ● às 23h42 Lua em ♊ ILFC: 23h42 Festival egípcio da Vida Divina, dedicado a deusa tríplice Mistérios Eleusinos Maiores Azul-marinho Hortênsia
22 ● Lua em ♋ à 1h51 FLFC: 1h51 Vermelho Rosas	23 ● Lua em ♋ O Sol entra em ♎ às 4h51 Início da Primavera às 4h51 ILFC: 19h06 Mabon: Equinócio de Outono (HN) Ostara: Equinócio de Primavera (HS) Verde Laranja	24 ● Lua em ♌ às 6h21 FLFC: 6h21 Branco Jasmim	25 ● (Lua Negra) Lua em ♌ ILFC: 13h15 Azul-marinho Cravo-da-índia	26 ● (Lua Negra) Lua em ♍ às 7h38 FLFC: 7h38 Festival chinês a Chang-O, deusa da Lua Azul Erva-cidreira	27 ● (Lua Negra) Lua em ♍ Preto Sândalo	28 ● às 15h28 Lua em ♎ às 7h04 ILFC: 0h59 FLFC: 7h04 Festival a Deméter na Grécia Amarelo Manjericão
29 ● Lua em ♎ ILFC: 23h07 Laranja Eucalipto	30 ● Lua em ♏ às 6h43 FLFC: 6h43 Dia de oferendas a Medetrina, deusa romana da medicina Preto Violetas					

Outubro de 2019

DOMINGO	SEGUNDA	TERÇA	QUARTA	QUINTA	SEXTA	SÁBADO
		1 ◐ Lua em ♏ Festival de Fidius, deusa romana da boa fé Branco Jasmim	2 ◐ Lua em ♐ às 8h45 ILFC: 6h47 FLFC: 8h45 Dia dos Guias Espirituais na Wicca Marrom Cedro	3 ◐ Lua em ♐ Festival de Dioniso Festa egípcia das Lamentações Azul-marinho Alfazema	4 ◐ Lua em ♐ às 14h44 ILFC: 4h35 FLFC: 14h44 Cerimônia a Ceres, deusa da agricultura Vermelho Hortênsia	5 ◐ às 13h48 Lua em ♑ Amarelo Rosas
6 ◐ Lua em ♑ ILFC: 20h27 Marrom Laranja	7 ◐ Lua em ♒ à 0h43 FLFC: 0h43 Vermelho Jasmim	8 ◐ Lua em ♒ ILFC: 15h28 Chung Yeung, festival da sorte na China Branco Cravo-da-índia	9 ◐ Lua em ♓ às 13h06 FLFC: 13h06 Festa de Felicidade, deusa romana da sorte e da alegria Lilás Erva-cidreira	10 ◐ Lua em ♓ Roxo Sândalo	11 ◐ Lua em ♓ ILFC: 6h56 Dia da Anciã das Árvores na Wicca Meditrinálias, festas romanas em honra de Meditrina, deusa da cura Marrom Eucalipto	12 ◐ Lua em ♈ à 1h47 FLFC: 1h47 Dia de Nossa Senhora da Conceição Aparecida Festival da Fortuna Redux, deusa romana das viagens e dos retornos seguros Preto Manjericão

DOMINGO	SEGUNDA	TERÇA	QUARTA	QUINTA	SEXTA	SÁBADO
13 ○ às 18h09 Lua em ♈ ILFC: 19h00 Fontinálias, festas romanas em honra das ninfas das fontes Cinza Violetas	14 ○ Lua em ♉ às 13h25 FLFC: 13h25 Azul-marinho Jasmim	15 ○ Lua em ♉ Festival de Marte, deus romano da guerra Cor-de-rosa Laranja	16 ○ Lua em ♊ às 23h31 ILFC: 5h39 FLFC: 23h31 Amarelo Rosas	17 ○ Lua em ♊ Branco Cedro	18 ○ Lua em ♊ ILFC: 23h15 Dia do Deus Astado na Wicca gardneriana Roxo Hortênsia	19 ○ Lua em ♋ às 7h44 FLFC: 7h44 Armilústrio, festas romanas em honra de Marte, deus da guerra Verde Alfazema
20 ○ Lua em ♋ Início do Horário de Verão Azul Cedro	21 ● às 9h40 Lua em ♌ às 13h30 ILFC: 9h40 FLFC: 13h30 Vermelho Cravo-da-índia	22 ● Lua em ♌ Amarelo Erva-cidreira	23 ● Lua em ♍ às 16h31 O Sol entra em ♏ às 14h21 ILFC: 6h15 FLFC: 16h31 Branco Sândalo	24 ● Lua em ♍ Festival do Espírito dos Ares na Wicca e no neopaganismo Verde Eucalipto	25 ● (Lua Negra) Lua em ♎ às 17h21 ILFC: 10h01 FLFC: 17h21 Cinza Eucalipto	26 ● (Lua Negra) Lua em ♎ Vermelho Manjericão
27 ● (Lua Negra) Lua em ♏ às 17h30 ILFC: 5h23 FLFC: 17h30 Azul Violetas	28 ● à 0h40 Lua em ♏ Festival em honra de Ísis no Egito Roxo Cedro	29 ● Lua em ♐ às 19h00 ILFC: 14h36 FLFC: 19h00 Marrom Alfazema	30 ● Lua em ♐ Lilás Hortênsia	31 ● Lua em ♑ às 23h39 ILFC: 11h31 FLFC: 23h39 Samhain – Halloween (HN) Beltane (HS) Laranja Rosas		

Novembro de 2019

DOMINGO	SEGUNDA	TERÇA	QUARTA	QUINTA	SEXTA	SÁBADO
					1 ● Lua em ♑ Dia de Todos os Santos Cailleach's Reign, festival em honra da antiga deusa--anciã celta Vermelho/Branco Laranja	2 ● Lua em ♑ Dia das Feiticeiras na Ibéria Dia de Finados Cinza Jasmim
3 ● Lua em ♒ às 8h21 ILFC: 2h48 FLFC: 8h21 Preto Cravo-da-índia	4 ● às 7h24 Lua em ♒ Azul-marinho Erva-cidreira	5 ● Lua em ♓ às 20h09 ILFC: 11h38 FLFC: 20h09 Verde Eucalipto	6 ● Lua em ♓ Festival à deusa babilônica Tiamat Branco Sândalo	7 ● Lua em ♓ ILFC: 22h14 Noite da deusa grega Hécate, na Wicca gardneriana Vermelho Manjericão	8 ● Lua em ♈ às 8h50 FLFC: 8h50 Festival romano de Mania, em comemoração aos Manes, espíritos do mundo subterrâneo Verde Cedro	9 ● Lua em ♈ Laranja/Marrom Violetas

DOMINGO	SEGUNDA	TERÇA	QUARTA	QUINTA	SEXTA	SÁBADO
10 ● Lua em ♉ às 20h19 ILFC: 11h02 FLFC: 20h19	11 ● Lua em ♉ Lunantshees, festival em honra do povo das fadas na Irlanda	12 ○ às 10h36 (Lua Rosa) Lua em ♉ ILFC: 12h49	13 ○ Lua em ♊ às 5h47 FLFC: 5h47 Festival romano em honra de Júpiter Festival romano em honra de Ferônia, a deusa protetora dos libertos	14 ○ Lua em ♊ Festival dos Bardos no druidismo	15 ○ Lua em ♋ às 13h16 ILFC: 8h41 FLFC: 13h16 Ferônia, festival pagão do fogo Proclamação da República	16 ○ Lua em ♋ Festival das Luzes, que marca o ano novo hindu
Amarelo Alfazema	Azul-marinho Hortênsia	Cinza Laranja	Amarelo Rosas	Marrom Cravo-da-índia	Branco Erva-cidreira	Preto Sândalo
17 ○ Lua em ♋ ILFC: 17h16 FLFC: 18h58	18 ○ Lua em ♌ às 18h58 Ardvi Sura, festival em honra da deusa persa Aerdi, a Mãe das Estrelas	19 ● às 18h12 Lua em ♍ às 22h56 ILFC: 18h12 FLFC: 22h56	20 ● Lua em ♍ Dia da Consciência Negra	21 ● Lua em ♍ Celebração da deusa celta Cailleach, senhora da noite e da morte	22 ● Lua em ♎ à 1h21 O Sol entra em ♐ às 12h00 ILFC: 0h33 FLFC: 1h21 Dia dedicado à deusa greco-romana Artemis/Diana	23 ● (Lua Negra) Lua em ♎ ILFC: 23h51
Cor-de-rosa Eucalipto	Amarelo Manjericão	Azul-marinho Violetas	Cinza Cedro	Verde Alfazema	Vermelho Hortênsia	Branco Rosas
24 ● (Lua Negra) Lua em ♏ às 2h59 FLFC: 2h59 Tori No Ichi, festival da Boa Fortuna no Japão Festa a Baba Yaga Honras às deusas egípcias da maternidade	25 ● (Lua Negra) Lua em ♏ ILFC: 14h31 Dia consagrado a Perséfone, deusa dos subterrâneos	26 ● às 12h07 Lua em ♐ às 5h12 FLFC: 5h12 Antigo festival em honra das deusas do fogo no Tibete	27 ● Lua em ♐ Parvati Devi, festas em honra da deusa tríplice hindu	28 ● Lua em ♑ às 9h34 ILFC: 7h51 FLFC: 9h34 Festival em honra a Sofia, deusa grega do conhecimento	29 ● Lua em ♑	30 ● Lua em ♒ às 17h14 ILFC: 0h58 FLFC: 17h14
Cinza Laranja	Laranja Jasmim	Lilás Erva-cidreira	Preto Sândalo	Azul Eucalipto	Roxo Violetas	Marrom Cravo-da-índia

Dezembro de 2019

DOMINGO	SEGUNDA	TERÇA	QUARTA	QUINTA	SEXTA	SÁBADO
1 ● Lua em ♒︎ Festival de Posêidon, deus grego do mar e do renascimento Cinza Erva-cidreira	**2** ● Lua em ♒︎ ILFC: 9h28 Hari Kugo, dia das feiticeiras no Japão Verde Eucalipto	**3** ● Lua em ♓︎ às 4h12 FLFC: 4h12 Dia da Bona Dea, a deusa da bondade Branco Sândalo	**4** ● às 3h59 Lua em ♓︎ Minerválias, festival em honra da deusa romana Minerva Lilás Manjericão	**5** ● Lua em ♓︎ ILFC: 5h16 FLFC: 16h46 Festival em honra do deus grego Posêidon Festejos à deusa Lucina, senhora da Luz e dos Infantes na Itália Amarelo Jasmim	**6** ● Lua em ♈︎ às 16h46 Cor-de-rosa Laranja	**7** ● Lua em ♈︎ ILFC: 12h03 Azul Hortênsia
8 ● Lua em ♉︎ às 4h30 FLFC: 4h30 Festival em honra da deusa egípcia Neir e dia sagrado de Astraea, deusa grega da justiça Laranja Cedro	**9** ● Lua em ♉︎ ILFC: 22h14 Lilás Erva cidreira	**10** ● Lua em ♊︎ às 13h48 FLFC: 13h48 Festival romano de Lux Mundi, a Luz do Mundo e epíteto da deusa da Liberdade Vermelho Cravo-da-índia	**11** ● Lua em ♊︎ Verde Sândalo	**12** ○ às 2h13 Lua em ♋︎ às 20h24 ILFC: 2h13 FLFC: 20h24 Cinza Manjericão	**13** ○ Lua em ♋︎ Dia de Santa Lúcia, ou Pequeno Yule, festival das luzes Amarelo Eucalipto	**14** ○ Lua em ♋︎ ILFC: 12h58 Preto Cedro
15 ○ Lua em ♌︎ à 0h57 FLFC: 0h57 Branco Violetas	**16** ○ Lua em ♌︎ ILFC: 19h11 Roxo Alfazema	**17** ○ Lua em ♍︎ às 4h17 FLFC: 4h17 Saturnais, festival em honra de Saturno Cor-de-rosa Laranja	**18** ○ Lua em ♍︎ Azul Rosas	**19** ● à 1h58 Lua em ♎︎ às 7h06 ILFC: 5h08 FLFC: 7h06 Epondália, dia dedicado à deusa romana Epona, patrona dos cavalos Verde Jasmim	**20** ● Lua em ♎︎ Opálias, festas romanas em honra de Ops, deusa da abundância Roxo Cravo-da-índia	**21** ● Lua em ♏︎, às 9h58 ILFC: 8h47 FLFC: 9h58 Agronaias, festas romanas em honra de Angerona, deusa das cidades e dos campos Vermelho Erva-cidreira

DOMINGO	SEGUNDA	TERÇA	QUARTA	QUINTA	SEXTA	SÁBADO
22 ● Lua em ♏ O Sol entra em ♑ à 1h21 Início do Verão à 1h21 Laurentálias, festas romanas em honra de Aça Laurência, ama de Rômulo e Remo Yule – Solstício de Inverno (HN) Litha – Solstício de Verão (HS) Branco Sândalo	**23** ◐ (Lua Negra) Lua em ♐ às 13h35 ILFC: 0h28 FLFC: 13h35 Preto Eucalipto	**24** ◐ (Lua Negra) Lua em ♐ Laranja Manjericão	**25** ◐ (Lua Negra) Lua em ♐ às 18h46 ILFC: 8h19 FLFC: 18h46 Natal Azul Violetas	**26** ● às 2h14 Lua em ♑ Eclipse anular do Sol às 2h14 Cinza Cedro	**27** ● Lua em ♑ ILFC: 18h04 Nascimento de Freia, deusa nórdica da fertilidade, da beleza e do amor Marrom/Azul-marinho Alfazema	**28** ● Lua em ♒ às 2h22 FLFC: 2h22 Verde Hortênsia
29 ● Lua em ♒ Azul Rosas	**30** ● Lua em ♓ às 12h43 ILFC: 7h25 FLFC: 12h43 Vermelho Jasmim	**31** ● Lua em ♓ Véspera de Ano-Novo Branco Laranja				

Obs.: Fontes das datas festivas: *O Anuário da Grande Mãe*, de Mirella Faur; *Calendário Vida e Magia*, de Eddie Van Feu; *Dicionário da Mitologia Latina*, de Tassilo Orpheu Spalding, Editora Cultrix; *Dicionário da Mitologia Grega*, Ruth Guimarães, Editora Cultrix; *O Caminho da Deusa*, Patricia Monaghan, Editora Pensamento.

Feitiço da Lua Rosa

Na Antiga Tradição, acreditava-se que determinadas Luas cheias tinham uma energia especial para realizar desejos, projetos ou aspirações. Essas Luas, chamadas "Lua Rosa dos Desejos" ou "Lua dos Pedidos" são os plenilúnios (Luas cheias) mais próximos dos quatro grandes sabás celtas: Imbolc, em 1º de fevereiro; Beltane, em 30 de abril; e Lughnassadh, em 1º de agosto; Samhain, em 31 de outubro.

Para acompanhar o fluxo energético dessas luas, prepare uma lista com seus pedidos, esperanças, desejos, sonhos ou aspirações. Com o dedo indicador umedecido em essência de jasmim, cânfora, salgueiro, artemísia ou sândalo, trace um pentagrama sobre uma folha de papel. Mentalize o seu pedido e faça uma pequena oração, repetindo-a três vezes. Dobre o papel e coloque-o em seu altar ou criado-mudo, pondo sobre ele uma pedra da lua ou um cristal de quartzo. Repita esse ritual a cada mudança de fase lunar, a cada sete dias aproximadamente, até a próxima Lua Rosa. De acordo com o seu merecimento ou necessidade espiritual, seu pedido será atendido dentro de três Luas cheias.

As energias das fases da lua e a época da menstruação

> Saiba como a Lua influencia as suas sensações durante a menstruação e conheça os aspectos favorecidos pelas diferentes fases lunares:

Menstruação do Quarto Crescente

O quarto crescente é uma época de crescimento, do surgimento de novas tendências e atividade, de novos começos. É uma época para se voltar para dentro de si e explorar sua própria sabedoria, uma ocasião de aprender novas habilidades e fazer descobertas. Nas culturas dos índios norte-americanos, o animal do quarto crescente é o corvo, simbolizando a troca de conhecimento e o voo da alma. De acordo com os antigos gregos, a deusa dessa fase é Perséfone, que vagava pelo mundo subterrâneo.

Menstruação da Lua Cheia

A Lua Cheia está voltada para fora: é uma ocasião propícia para colocar os planos em prática, de trabalhar e agir. Enquanto o quarto crescente se relaciona com a alvorada, a Lua Cheia é como meio-dia em ponto, uma ocasião em que as coisas precisam ser reveladas. É uma fase energética e emocionalmente desafiante, na qual a natureza das mulheres que menstruam está plenamente evidente. Nas culturas dos nativos norte-americanos, o animal da Lua Cheia é a fênix, que é capaz de se incendiar e depois renascer. A deusa da Lua Cheia da antiga Babilônia era Ishtar, também conhecida como a Deusa Vermelha.

Menstruação do Quarto Minguante

O quarto minguante corresponde ao pôr do sol, quando a energia declina e se estabiliza. Essa é a época de fazer planos, confirmar descobertas, rever o conhecimento e deixar que as ideias deem frutos. Nas culturas dos nativos norte-americanos, o animal dessa fase é a ursa que representa o útero e é, portanto, produtiva. Na cultura grega da Antiguidade, a deusa dessa fase é Deméter, que representa a colheita.

Menstruação da Lua Nova

A Lua Nova está voltada para dentro e nos concede tempo para contemplação, reflexão e germinação. É a fase da meia-noite, uma fase de repouso e recuperação. As memórias e a ansiedade subconscientes sobem à superfície; eventos importantes são relembrados.

De acordo com os ensinamentos dos nativos norte-americanos, o animal dessa fase é o sapo: sábio, escorregadio, solitário e intocável devido à sua parte externa venenosa. A deusa grega é Hécate, a velha, a trapaceira, a morte.

— Extraído e adaptado de *Os Prazeres da Mulher*, Elizabeth Davis, Ed. Cultrix.

Estimule as mudanças positivas na sua vida

> Esta é uma técnica excelente para estimular o crescimento e a abundância na sua vida.

Sente-se numa posição confortável e relaxe. Se tiver coisas da cor verde na sua casa, como pedras, cristais, plantas, obras de arte ou qualquer outra coisa dessa cor que lhe agrade, traga para perto de você, enquanto pratica essa técnica. Feche os olhos e visualize uma vibrante luz esmeralda rodopiando no seu centro cardíaco. Deixe que essa energia cresça e se expanda. Ela pode ser vibrante ou adquirir uma tonalidade verde-folha mais profunda e vibrante. Deixe que essa energia crie raízes na terra para que possa se alimentar dela. Observe a energia crescendo se expandindo. Ela pode tomar a forma de uma árvore ou planta ou continuar como uma energia, o que você preferir. Veja essa luz verde e vibrante como uma energia magnética que capta o que há de positivo à sua volta e dirige isso para você.

Pratique essa técnica por três a oito minutos diariamente, mas não passe de oito minutos. Depois de concluí-la, sente-se em silêncio por um período de dois a três minutos, antes de voltar às suas atividades cotidianas. Para fortalecer essa energia ainda mais, consuma alimentos verdes saudáveis (folhas verdes, espinafre, brócolis, chá-verde etc) e passe mais tempo em meio à natureza.

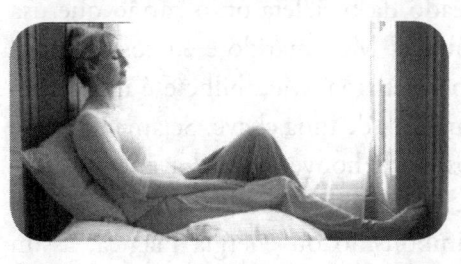

Magia das Chaves

> Eu sempre tive uma paixão por chaves. Aos meus olhos, elas sempre tiveram um fascínio místico e mágico, um poder inerente. As chaves nos permitem acessar várias coisas, como o veículo que nos leva de um lugar ao outro, nossa casa, nosso diário, assim como, no nível mágico, também nos franqueia o acesso a um grande poder ou a outros mundos.

Quais são os melhores tipos de chaves para se usar em magia e onde se pode encontrá-los? Tanto as chaves antigas quanto as modernas têm muitas características mágicas curiosas. O tipo antigo pode ser encontrado em vários lugares. Antiquários; brechós; vendas de garagem; feiras de objetos usados; sites de vendas na internet, como o eBay; e lojas pagãs e ocultistas que vendem ingredientes de magia e curiosidades mágicas são todas opções viáveis.

As chaves modernas também possuem poder mágico. A maioria de nós tem chaveiros em que carrega as chaves de casa, as chaves do carro e outras chaves importantes. Mesmo que você não tenha carro, provavelmente tem uma chave para algum tipo de transporte, seja do cadeado da bicicleta ou o cartão que usa para pagar o transporte público. Meu marido e eu costumamos pegar o metrô cinco dias por semana. Meu bilhete é um cartão eletrônico, que não passa também de uma chave. Sejam chaves de metal ou cartões eletrônicos, onde houver uma chave há possibilidade de se praticar magia. Você também pode optar por ter um chaveiro que tenha um simbolismo ou energia mágica, assim como chaveiros de cristal. Experimente usar uma pedra de jade vermelha como amuleto de proteção em viagens, ou um jaspe amarelo se tiver enjoo no carro. Eu tenho uma chave mestra dotada de propriedades mágicas, que uso como chaveiro. Se você tem uma chave em forma de cartão eletrônico, pode encantá-lo com um feitiço de prosperidade e guardá-lo na carteira. Eu uso uma versão muito moderna de chave sempre que escrevo: a chave USB, ou *pendrive*, onde guardo todos os meus arquivos. Nem preciso dizer que também o dotei de propriedades mágicas e de um outro tipo de chave: uma senha. As senhas também podem ser dotadas de magia. Como elas funcionam como uma espécie de chave para as informações que guardam, também estão dentro do nosso tema. No entanto, as senhas nos possibilitam dotá-las de outra camada de magia, visto que podem carregar uma mensagem repetida e reafirmada toda vez que a digitamos. Afinal de contas, palavras têm poder! Pense na senha como uma afirmação que você vive repetindo, então aproveite essa chance de fazer magia escolhendo como senha algo como: "SouMilionaria" ou "SouSaudavel". Ou, se quer ter uma vida familiar mais harmoniosa, que tal escolher a expressão "LarDoceLar" ou "LarHarmonioso" como senha? Desse modo, você infunde o seu ambiente doméstico de boas energias e envia para o universo essa mensagem cada vez que digita a sua senha, reforçando essas qualidades e atraindo-as para a sua vida.

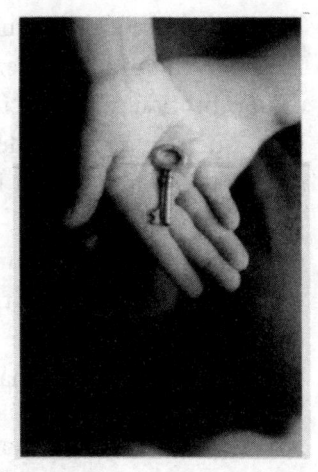

Em seguida, você conhecerá alguns encantamentos simples e eficazes que pode usar para explorar o reino da magia das chaves.

Chave Talismã do Conhecimento

Neste encantamento, você criará a sua própria chave para ajudá-lo a realizar uma tarefa ou responder a uma pergunta.

Talvez você seja um estudante universitário que vive perpetuamente estudando. Talvez esteja se preparando para fazer um exame profissional específico. Talvez tenha uma questão, na sua vida, que esteja remoendo há algum tempo. Qualquer que seja o seu caso, mantenha essa intenção em mente durante o encantamento. Você pode realizá-lo muitas vezes, para muitos propósitos, e pode até purificar e reutilizar a chave se desejar. Eu prefiro usar uma chave mestra nesse trabalho em particular, pois ela lhe confere um caráter antigo e mágico. No entanto, qualquer tipo de chave que abra uma fechadura ou porta funcionará.

Você vai precisar de:

+ Uma chave (mestra, de preferência)
+ Um cordão da sua escolha
+ Uma vela
+ Um sino
+ Um incenso da sua escolha

Comece colocando todos os itens no seu altar. Crie um espaço sagrado e invoque as divindades da sua preferência, de acordo com a sua tradição. Acenda o incenso e passe todos os outros ingredientes na fumaça, se ainda não tiver feito isso. Dê atenção extra à chave e limpe-a de qualquer intenção ou propósito anterior. Segure a chave junto ao coração e entoe as seguintes palavras para a suas divindades:

Eu, (seu nome), peço-lhes para me ajudar a empoderar esta chave para que ela aumente o meu conhecimento e facilite a minha aprendizagem. Por favor, me ajudem em (indique sua pergunta ou o que você está estudando).

Agora segure a chave sobre o seu terceiro olho e faça o mesmo pedido novamente. Acenda a vela, passe a chave pela chama e entoe o seguinte encantamento:

Eu peço a luz da sabedoria sobre o assunto em questão. Por favor, esclareçam a minha situação para que eu possa ver as melhores soluções possíveis mais claramente.

Mantenha sua intenção em seu coração e mente. Segure a chave nas mãos em concha e assopre sua intenção três vezes.

Amarre o cordão à chave e, em seguida, coloque-o em volta do pescoço. Pegue o sino e toque-o em torno da chave e em volta de você, evocando a sabedoria e o poder das divindades e do universo, além do despertar e do empoderamento da chave.

Feche o espaço sagrado, agradecendo às divindades, de acordo com a sua tradição.

Encantamento para a proteção da casa

Gosto de realizar este encantamento principalmente quando vou ficar fora da cidade por alguns dias e só quero reforçar um pouco a proteção energética da minha casa. O princípio da magia que vamos lançar com este encantamento consiste em criar um manto de invisibilidade energética em torno da casa. Claro, sua casa não vai ficar literalmente invisível, mas a intenção é desviar a atenção de "olhos e mentes mal intencionados", simplesmente fazendo com que eles não reparem na sua casa.

Você vai precisar de:

- Cópias das chaves da porta da frente e dos fundos da sua casa
- Uma pequena caixa espelhada por fora
- Um incenso protetor da sua escolha (opcional)

Reúna os ingredientes listados em seu espaço de trabalho. Se você não tiver uma caixa espelhada, pode encontrar numa loja de artesanato o material para fazer uma simples. Crie um espaço sagrado e invoque as suas divindades, de acordo com os métodos da sua tradição. Se optou por usar um incenso, acenda-o agora e passe pela fumaça todos os componentes da magia.

Segure a caixa espelhada nas mãos e entoe as seguintes palavras:

Espírito do espelho, eu chamo a ti!
Superfície tão brilhante, que a tudo reflete!
Eu lhe peço, por favor, seu dom você me empreste!

Coloque a caixa numa superfície, com a tampa aberta, pegue as chaves e segure-as na mão, junto ao coração. Recite:

Chaves da minha casa, lugar de paz, somente,
Que ela fique protegida enquanto eu estiver ausente!

Coloque as chaves na caixa.

Espírito do espelho, peço a ti:
Que olhares e intenções ruins sejam desviados,
Pelo seu poder de refletir
Tudo seja abençoado!

Guarde a caixa num local secreto, dentro de casa, até o dia do seu retorno, quando você poderá tirar as chaves da caixa, finalizando automaticamente a magia.

A parte divertida da magia das chaves é que você pode usar uma chave física como um objeto mágico: mesmo quando está diante dos olhos de todos, ela não necessariamente chama a atenção. Por ser um objeto cotidiano comum, ela nos dá a chance de fazer magia sem que ninguém perceba. E por causa de seu simbolismo variado, tanto em sua forma artística quanto mundana, por estar presente em tantas culturas e religiões, as pessoas não vão achar nada de mais numa chave. Mesmo quando se tratar de uma chave mestra presa ao pescoço ou pendurada num porta-chaves, ela pode operar sua magia na frente de todos, sem causar estranhamento naqueles que por acaso a virem. Claro, os seus amigos praticantes de magia provavelmente perceberão que você está escondendo alguma coisa!

As chaves são encontradas numa grande variedade de formas, modelos, tamanhos e propósitos, ao mesmo tempo mágicos e mundanos. No entanto, uma chave mundana parece, aos meus olhos, simplesmente uma tela em branco implorando por um toque de magia. A chave é um objeto de poder, seja tangível como a chave de uma casa ou passe de metrô, ou intangível ou filosófico como uma senha de computador ou uma informação que faz tudo fazer sentido e nos permite avançar. Espero que esta introdução ao reino místico e mágico das chaves tenha servido como uma chave para ajudar a destrancar o mundo da magia para você. Agora você pode seguir adiante e destrancar seus próprios portões!

– Extraído e adaptado de "Key Magick",
de Blake Octavian Blair,
Llewellyn's 2018 Magical Almanac.

Banho de manjericão para aumentar seu fascínio

Este banho é excelente para qualquer ocasião em que você queira aumentar o seu poder de atração a ponto de "enfeitiçar" outra pessoa. Os efeitos duram em torno de seis horas e depois começam lentamente a diminuir, até você voltar ao normal. Por isso é ótimo para um evento específico em que você queira exibir o melhor de si, como um encontro, uma festa ou uma entrevista. Ah, e só faça esse banho uma vez a cada ciclo lunar, ou ele vai deixar de fazer efeito.

Ingredientes:

8 folhas frescas de manjericão
½ xícara de açúcar
1 vareta de incenso de baunilha
Uma vela branca

Prepare um banho de banheira quente ou morno. Coloque a vela e o incenso perto da banheira e os acenda. Coloque o manjericão e o açúcar na água e mexa um pouco, no sentido horário, com a mão direita. Coloque as mãos espalmadas sobre a água e visualize uma luz branca muito brilhante caindo das alturas, atravessando o topo da sua cabeça, descendo para o coração, passando pelos braços, pelas mãos e entrando na água. Imagine a água formando um turbilhão e pulsando com a energia magnética da atratividade fascinante. Fique dentro da banheira por 40 minutos ou até que o incenso queime completamente. Sinta-se à vontade para ler durante o banho, mas apenas leituras estimulantes e positivas.

– Extraído e adaptado de *A Arte da Magia para Arrumar e Proteger a sua Casa*, Tess Whitehurst, Ed. Pensamento.

Ho'oponopono – a magia ancestral havaiana

> Ho'oponopono, que significa "corrigir um erro", é uma técnica havaiana de cura que se baseia no princípio de que, segundo os antigos havaianos, os problemas (ou erros) têm origem em pensamentos poluídos pelas memórias dolorosas do passado. A prática do Ho'oponopono permite liberar a energia desses pensamentos que causam desordem e desequilíbrio. Trata-se de um método de resolução de problemas, cujo processo se realiza dentro de nós mesmos.

O método tradicional do Ho'oponopono foi simplificado por Morrnah Simeona, importante curandeira havaiana, que conservou a essência da sabedoria antiga. Mas, se esse método chegou até nós e se hoje é conhecido do grande público, foi graças ao dr. Ihaleakala Hew Len, que por dez anos estudou com Simeona e fez um impressionante trabalho no Hospital Psiquiátrico do Havaí.

De 1984 a 1987, ele prestou atendimento como psicólogo numa unidade de vigilância máxima, onde criminosos estavam encarcerados. Ao chegar ao local, em 1984, todas as celas de isolamento estavam ocupadas por pacientes violentos. Alguns tinham de ser algemados pelos pés e pelas mãos para não comete-terem agressões contra os outros detentos ou funcionários. Em 1987, quando o doutor Hew Len partiu, as celas de isolamento e as algemas já não eram utilizadas e os atos de violência eram muito raros. O que o doutor Hew Len fez com esses pacientes? Aplicou o método Ho'oponopono. Não utilizou nenhuma terapia nem consulta.

Da mesma forma, o Ho'oponopono também foi objeto de estudo na Universidade de Honolulu e foi utilizado de diversas maneiras por havaianos e não havaianos para a resolução de conflitos.

Como funciona o Ho'oponopono

Tudo se passa dentro da pessoa que pratica o Ho'oponopono, pois a mudança só pode ocorrer nela. Em seguida, essa mudança que se realiza em nós gera uma mudança externa.

Temos o hábito de considerar que os problemas vêm de fora e de buscar nos outros a sua causa para tentar resolvê-los. No caso do Ho'oponopono, é em nós que vemos e resolvemos os problemas. Purificamos a parte que temos em comum com os outros. Se nos considerarmos uma entidade à parte, de fato isso pode parecer difícil, mas se levarmos em conta que refletimos o mundo, que somos uma parte dele, o método ganha sentido. Se purificarmos as memórias que temos em nós, purificaremos também o mundo exterior.

Se por um lado o Ho'oponopono é um método de resolução de problemas que leva em conta nossos diferentes aspectos sob a perspectiva da psicologia, por outro é sobretudo um método espiritual que nos une à parte mais elevada de nós (Criador, Universo...) e é nesse nível que reside todo o seu poder.

O Ho'oponopono dá a cada um a liberdade de nomear como quiser essa parte em função de suas crenças. É com o princípio de vida, o Divino, a parte mais elevada de nós, que vamos trabalhar. O Ho'oponopono tem uma filosofia que leva em conta a nossa interconexão e interdependência. Permite restabelecer a ordem entre o Universo e o indivíduo e, por conseguinte, a ordem das pessoas entre si.

COMO PRATICAR O HO'OPONOPONO

Antes de qualquer coisa, escolha um problema a ser tratado e pense a respeito, seja de maneira geral, seja sob um aspecto particular. Conecte-se com a parte mais elevada de si mesmo e repita as quatro frases a seguir:

Sinto muito.
Me perdoe.
Sou grato(a).
Eu te amo.

É uma espécie de mantra que nos une à nossa parte divina. Seu significado é o seguinte:

Sinto muito pelo que causou essa perturbação.
Me perdoe por isso, eu não sabia.
Sou grato(a) por ter me revelado esse meu aspecto.
Eu te amo pelo que é.

Também podemos traduzir da seguinte maneira, caso haja uma terceira pessoa envolvida:

Sinto muito por tê-lo julgado mal.
Me perdoe por não tê-lo compreendido.
Sou grato(a) por ter revelado isso em mim.
Eu te amo pelo que é.

Faça isso várias vezes seguidas, com tranquilidade, concentrando-se no que diz, sem perder a conexão com sua parte mais elevada. Respire com calma, sem bloquear a respiração, pois isso é importante para o nível de sua energia. Tente perceber o que se passa em você. Você vai sentir se deve continuar ou se pode parar. Como a prática do Ho'oponopono é um processo energético, você logo sentirá quando ele chega ao fim – e, nesse caso, poderá parar de repetir as frases – ou então que ele acarreta memórias, umas após as outras, como nós que se desfazem. Nesse caso, você continua enquanto sentir necessidade. Não projete nada de mental para tentar analisar. Se pensamentos se apresentarem, quer pareçam ligados ao problema ou não, não tem importância; continue. Se parar sem ter finalizado a prática, você pode retomá-la posteriormente.

Para mim, o Ho'oponopono é um trabalho espiritual profundo, que apazigua e abre o espírito, sem que seja necessário aderir a quaisquer crenças. É como se entrássemos em contato com a profundidade da vida, com o presente, com a profundidade do ser, e o vivêssemos com mais consciência e intensidade.

Não há ritual nesse processo, nem crença particular, nem solicitação a fazer. Portanto, não temos de nos perguntar se seremos ouvidos ou não. Trata-se do momento presente, de um problema, de um pensamento e da repetição das quatro frases.

O Ho'oponopono permite purificar os pensamentos e ir além deles. É como se arrancássemos ervas daninhas de nós mesmos. Desobstruímos um território poluído. Ele nos oferece a oportunidade de seguir o curso e purificar continuamente o que sobrevém. É um ato de fé na vida.

– Extraído e adaptado de *Ho'oponopono Sem Mistérios*, Laurence Luyé-Tanet, Ed. Pensamento.

O rito da menarca

> As mulheres têm marcos fisiológicos definidos que anunciam importantes transições na vida. Houve uma época em que essas transições eram consideradas sagradas, e serviam para nos conectar aos ritmos e ciclos das estações e da Lua. O primeiro desses marcos é o Rito de Iniciação da Menarca, realizado na ocasião da primeira menstruação de uma jovem para homenagear sua passagem da condição de menina para a condição de mulher.

No passado, era comum marcar essa importante mudança na vida de uma mulher com um rito ou celebração especial. A expectativa dessa homenagem ajudava a menina a saudar seu primeiro sangramento com alegria e triunfo; era o mais essencial de todos os ritos de iniciação. Nas sociedades não industriais, a reclusão é um componente quase universal do rito da menarca, não devido ao medo e sim em reverência ao poder sagrado do sangue menstrual.

Em algumas culturas indígenas, as meninas ficam isoladas durante vários anos. As jovens Dyak do Sudeste da Ásia passam um ano em uma cabana branca, vestidas com roupas brancas e comendo alimentos brancos (os quais, segundo eles acreditam, promove a boa saúde). Enquanto estão sozinhas, elas contemplam sua transformação física na condição de mulher e refletem a respeito do que a sociedade espera delas. Mulheres mais velhas as visitam periodicamente para ensinar a arte e o ofício da condição de mulher, o que inclui as responsabilidades da sexualidade e da criação dos filhos. Isso causa um enorme impacto no desenvolvimento pessoal delas.

Um dos exemplos mais belos da iniciação da menarca é o rito apache da "Mulher em Transformação". Nessa solene cerimônia, a menina púbere se torna a mãe apache primordial, "Mulher Pintada de Branco". Ela reencena a história da Mulher em Transformação que, fecundada pelo sol, deu à luz o povo apache. No primeiro dia, ela é salpicada com pólen de tifa amarelo para simbolizar a fertilidade e recebe ensinamentos das mulheres sábias sobre o "fogo interior", sua sexualidade sagrada. A cerimônia dura quatro dias, em homenagem aos Quatro Pontos Cardeais. Na última noite, a jovem precisa dançar do pôr do sol ao nascer do sol pelo bem-estar do seu povo. Ao amanhecer, essa canção é cantada para ela:

> "Agora você está entrando no mundo. Se tornará um adulto com responsabilidades Caminha com honra e dignidade. Seja forte! Porque você é a mãe do nosso povo. Porque você se tornará a mãe de uma nação."

Embora um ritual de quatro dias possa parecer excessivo no contexto do nosso estilo de vida atarefado, seu propósito de habilitar as jovens mulheres a vivenciar uma conscientização mais intensa do seu novo status e poder é muito relevante. Os ritos da menarca hoje em dia podem variar de uma cerimônia formal a uma simples reunião de amigas e parentes para uma maravilhosa refeição: a ideia principal é distinguir esse marco da vida do dia a dia. Embora algumas mães desejem criar essas cerimônias para suas filhas, é fundamental que as jovens mulheres participem do projeto e do conteúdo das celebrações, escolhendo o que as deixa mais à vontade. A parte principal do rito envolve compartilhar informações sobre a menstruação por meio de narrativas e relatos pessoais. Cada participante tem a oportunidade de descrever a experiência da sua própria menarca. Nem todas as histórias serão alegres; as mulheres mais velhas poderão se emocionar muito se se lembrarem de ter ficado envergonhadas com seu primeiro sangramento. No entanto, isso cria um propósito ainda mais forte dentro do círculo de homenagear a jovem que está atualmente no meio desse Mistério do Sangue.

Para encerrar, a mãe da jovem pode dar a ela uma joia, talvez uma herança de família, ou qualquer coisa que ostente pedras vermelhas. Quando o ritual termina, tem início o banquete. Os alimentos vermelhos representam a fertilidade; as convidadas poderão desejar fazer um brinde para a jovem com vinho tinto. Talvez outros membros da família escolham participar nesse ponto. Acima de tudo, esse ritual deverá ser exatamente como a jovem deseja, para que ela possa descobrir um novo grau de confiança no seu corpo e em si mesma.

Se um ritual formal parecer complexo demais ou inapropriado para sua família, variações simples são aceitáveis. Certa mãe disse à filha que quando ela menstruasse pela primeira vez, ela poderia escolher três coisas para comemorar. No primeiro dia da menarca, ela optou pelo seguinte: 1) sair para fazer compras; 2) que sua mãe não falasse com ela o dia inteiro; 3) um bife. Este último item foi um tanto polêmico para a família, que era vegetariana, mas a mãe da jovem fez o seguinte comentário: "Comer um bife foi a declaração suprema de poder de tomada de decisões da minha filha".

Outra opção é mãe e filha irem juntas para um lugar favorito ao ar livre, entrando em contato com a natureza e uma com a outra. A mãe poderá usar esse tempo para recordar o nascimento e a infância da filha, com histórias de como ela era quando mais nova, e todas as coisas excelentes que já fez na vida até agora. O dia poderá terminar com a mãe preparando um banho para a filha, talvez colocando pétalas de flores na água. Quando o banho terminar, as duas podem decidir como compartilhar a notícia com o resto da família. Uma vez mais, o mais importante é o bem-estar da jovem; se ela ficar feliz em participar do planejamento de uma maior celebração, ela se lembrará com alegria dela pelo resto da vida.

— Extraído e adaptado de
Os Prazeres da Mulher,
Elizabeth Davis, Ed. Cultrix.

Ervas para a menstruação

Veja a seguir uma lista das ervas que mais beneficiam o ciclo menstrual das mulheres:

O **manjericão**, em particular a folha fresca, estimula o sangramento, revigora e combate sentimentos de depressão. Uma excelente maneira de comer manjericão é no molho italiano; servido com massa, ele é especialmente benéfico no início da menstruação, já que os carboidratos fornecem calorias e calor.

A **erva-dos-gatos** é analgésica, alivia as cólicas, é reconfortante e calmante. Ela acalma os distúrbios digestivos causados pelas aldosteronas (sendo, portanto, famosa pela capacidade de aliviar as cólicas nos recém-nascidos). Tome na forma de chá ou tintura.

O **gengibre** estimula a circulação, aquece e equilibra o corpo e também ajuda a dissipar os distúrbios gastrointestinais. Use fresco na comida ou como chá, ou seco em cápsulas.

Tasneira (*Senecio aureus*). É melhor ingerida na forma de tintura: de cinco a dez gotas por dia ajudam a regular o ciclo e aliviar a TPM. Ela também pode trazer alívio a cólicas intensas, uterinas ou intestinais. Ela é eficaz quando ingerida a longo prazo.

A **agripalma** (*Leonurus cardiaca*) é mais eficaz quando ingerida na forma de tintura: tome dez gotas para relaxar, quinze gotas para aliviar a dor da menstruação. A agripalma também é usada para amenizar as ondas de calor durante a menopausa e aliviar as dores do parto.

A **urtiga** (*Urtica dioica*) ajuda a eliminar o excesso de líquido do corpo ao mesmo tempo que fortalece os rins e as suprarrenais. Ela também fornece vitamina K, caroteno, proteína e minerais essenciais para a menstruação, como cálcio e ferro. Ela é especialmente útil para o sangramento excessivo.

Dizem que a **framboesa** representa a paixão e força vital das mulheres. O chá de framboesa alivia a TMP e tonifica o útero; ela melhora o humor e provoca uma "menstruação ardente". Ela é a bebida predileta das mulheres durante a gravidez e depois do parto.

O **alecrim**, tanto a folha quanto em forma de óleo, fortalece e estabiliza o corpo. Ele estimula o sangramento e ajuda a manter a energia elevada e constante durante a menstruação.

— Extraído e adaptado de *Os Prazeres da Mulher*, Elizabeth Davis, Ed. Cultrix.

Encantamento de cura holandês

> A magia folclórica germânica constitui-se de vários tipos de versinhos. O que é descrito a seguir deve ser repetido nove vezes por dia até que a pessoa doente seja curada. Como me disse uma vez uma simpática bruxa, você não fica doente em um dia, por isso não espere ser curado em um dia.

Segure a foto da pessoa doente na mão e concentre-se nessa pessoa. Diga primeiro o nome completo dela e depois repita o seguinte encantamento:

"Eu vi um muro verde.
Pelo muro verde, vi um santuário verde.
No santuário verde, vi um altar verde.
Sobre o altar verde, vi um jarro verde.
Dentro de jarro verde, vi água límpida.
Com essa água, LAVEI seu corpo e extirpei a doença!
Que assim seja!"

Quando disser "lavei", visualize uma corrente de água cristalina e revigorante escorrendo pelo retrato da pessoa. Acabe o encantamento fazendo o sinal da cruz sobre a foto. Deixe a foto num local seguro e repita esse encantamento nove vezes por dia até que a pessoa fique bem. Nunca desista.

Ofereça gratidão ao seu corpo

> Leia este exercício do começo ao fim antes de fazê-lo e vá para um lugar tranquilo onde você possa realizá-lo sem ser perturbado. Passe um minuto entrando em contato consigo mesmo. Repare como você está sentado e qual a sensação que isso lhe transmite. Fique presente consigo mesmo e observe como o seu corpo cuida de você.

Seu corpo parece saber exatamente do que você necessita e tenta proporcionar o que você precisa para ficar mais equilibrado. Veja se consegue apenas notar a sabedoria do seu corpo – o fato de que, o que quer que você faça, independentemente de como você se comporte, o seu corpo aceita as coisas do jeito que elas são e faz o melhor que pode para criar um equilíbrio saudável.

Veja se você consegue observar o seu batimento cardíaco, talvez colocando a mão no lado esquerdo do peito. Imagine como o seu coração esteve com você desde o início e como ele o serviu, dia e noite, ao longo de todos os seus anos de vida. Ele nunca o julgou duramente; em vez disso, o aceitou e o serviu da maneira como você exigiu.

Talvez você queira agradecer ao seu coração pela forma imparcial como ele o serve.

Você consegue sentir o seu estômago ou partes do seu trato digestório? Você talvez sinta esses órgãos funcionando, separando o que você comeu no que o seu corpo pode usar agora, no que precisa ser jogado fora e no que deve ser armazenado para ser usado mais tarde. O seu trato digestório precisa aguentar todas as dietas que você faz, por mais radicais que sejam, e nunca o julgou; na realidade ele tem feito o máximo para "se virar" com o que você lhe fornece. Demonstre ao seu trato digestório que você aprecia a maneira compassiva pela qual ele o vem servindo a vida inteira. Concentre-se agora em seu cérebro. Ele é um prodígio incrível, composto literalmente por bilhões de neurônios que disparam enquanto ele organiza tudo o que você realiza: fazendo circular os fluidos necessários através do seu corpo, enviando as informações necessárias para que você mova os membros, além de pensar, resolver problemas e assim por diante.

Faça uma pausa e expresse gratidão ao seu cérebro. Ele o tem servido da melhor maneira possível e nunca pediu nada em troca. Permita-se observar e reconhecer a enormidade da tarefa que o cérebro recebeu e, enquanto faz isso, veja se consegue demonstrar a ele quanto você está agradecido por tudo isso.

Agora reserve um momento para vivenciar plenamente que sensações os atos de autocompaixão transmitem para o seu corpo. Passe um minuto simplesmente sentindo a compaixão que você criou antes de se dedicar a outras atividades.

A autocompaixão pode parecer um conceito simples, mas pode ser difícil praticá-la. Você talvez tenha notado, até mesmo neste exercício, que teve dificuldade em demonstrar gratidão pelo seu corpo. Não raro parece muito mais fácil demonstrar empatia e compaixão pelos outros do que por si mesmo.

Por sorte, os comportamentos e atitudes envolvidos na compaixão pelos outros são os mesmos que aqueles necessários para a autocompaixão

– por exemplo, a escuta ativa, a sensibilidade pelas carências e necessidades e a disposição para agir motivado por esses indícios.

Faça o que importa

Uma das melhores maneiras de praticar a autocompaixão é fazer as coisas que proporcionam significado e vitalidade à sua vida. Identifique hoje – neste momento – algo que valha a pena para você, uma coisa importante que você poderia fazer para tornar o seu dia mais significativo e satisfatório.

O objetivo do comportamento não deve ser "se sentir melhor" livrando-se de experiências interiores difíceis; mais exatamente, ele deve envolver fazer algo significativo e satisfatório. Entre os exemplos está entrar em contato com um amigo ou membro da família, dedicar-se a um *hobby* ou uma atividade que você não pratica há algum tempo, desenvolver uma importante habilidade ou buscar uma oportunidade profissional. Esses são atos de autocompaixão porque desenvolvem vitalidade e fortalecem a conscientização de que você sempre pode fazer coisas importantes, independentemente do que esteja acontecendo – dentro ou fora de você. Uma vez que você tenha identificado uma ação significativa que possa praticar hoje, anote-a no seu diário e depois o verifique no fim do dia para certificar-se de que a praticou. Quando fizer essa verificação, passe alguns minutos escrevendo a respeito da sua experiência de executar essa atividade e do que ela significou para você. Este é um exercício que você pode fazer todos os dias. Faça-o durante uma semana e depois continue a fazê-lo sempre que achar proveitoso.

— Extraído e adaptado de
A Armadilha das Dietas,
dr. Jason Lillis, dra. Joanne Dahl,
dra. Sandra M. Weineland, Ed. Cultrix.

A trindade da prosperidade

> É possível que você já tenha visto imagens das divindades da abundância em lojas esotéricas. A imagem da deusa Lakshimi é muito popular não só por sua beleza, mas pelos seus atributos de conferir beleza, amor e fartura. Claro que todo mundo quer! Só não gosta de Lakshimi quem é ruim da cabeça ou doente do pé!

Ela é a primeira deusa da trindade da prosperidade com a qual você precisa fazer contato. E não é difícil, pois ela é uma divindade muito amorosa e receptiva. Ela gosta de espalhar harmonia e amor e ter uma imagem dela em casa é sempre bom. Achei muito sábio que o caminho da prosperidade verdadeira começasse com Lakshimi, pois a verdadeira riqueza precisa começar pelo amor. Mas cuidado com os enganos! Não é amor ao dinheiro. É o amor ao trabalho, à arte de servir, à sua missão sendo cumprida, à oportunidade de ajudar às pessoas, aos animais e a tudo o que o cerca. O amor tem uma energia de abundância e é por isso que se afina com a prosperidade.

A segunda divindade que devemos trazer para nossa vida é extremamente popular, sendo cultuada tanto dentro quanto fora da Índia. Ganesha é o deus com cabeça de elefante, que remove obstáculos e confere prosperidade aos negócios. Ele também é o deus da sabedoria e da alegria.

Também faz muito sentido que depois do amor de Lakshimi nós precisemos da sabedoria de Ganesha. Com sua popularidade, não é difícil encontrar imagens de Ganesha que possam atrair a energia dessa divindade para seu lar e seus negócios.

Depois que você já trouxe para sua vida a energia de Lakshimi e de Lord Ganesha, então estará pronto para o deus das grandes riquezas, Lord Kubera. Ele é o guardião de todos os tesouros do mundo e confere a opulência. Quando trazemos sua energia para nossa vida, a abundância flui com tamanha grandeza que nos espantamos!

Mas, se você está pensando em ir direto para Kubera, melhor pensar duas vezes. Há um motivo para que tenhamos que passar primeiro por Lakshimi e Ganesha. Não que algo de ruim vá acontecer, mas quais as chances de você saber administrar com sabedoria e amor uma grande fortuna se você não passou por esse aprendizado?

Agora você deve estar se perguntando como eu sei disso. Simples! Eu experimentei! Trabalhei magicamente com a deusa Lakshimi e depois com Ganesha. Levei anos até conhecer Kubera. Quando comecei a trabalhar com ele, os resultados foram surpreendentes. E desde então, sempre faço rituais para os três.

Mas como eles nos ajudam? Choverá dinheiro na sua cabeça? Você tropeçará num baú de moedas de ouro? Acertará os números da mega-sena? Acho que você não deve contar com isso, embora possa até acontecer. Deixe-me aproveitar e explicar uma coisa! Só fazer magia não adianta. Você tem que aproveitar as oportunidades que vão aparecer! Os caminhos vão surgir e você deve trilhá-los. Ficar em casa esperando aparecer um monte de malas cheias de dinheiro na sua sala não vai acontecer... E se acontecer, a Federal vai bater na sua porta rapidinho!

Quando comecei a trabalhar com Kubera, passei a rever meus conceitos sobre dinheiro, futuro, etc. Dragões, Uriel e Saint Germain também estiveram presentes nesses meus momentos de reviravolta na prosperidade. Com Kubera, eu me abri a mudanças que antes nem passavam pela minha cabeça! Você pode até achar que já se livrou de todas as crenças limitantes sobre dinheiro, mas sempre haverá mais uma ali, escondida, e Kubera ajuda a mudá-la.

Que tal começar seu caminho de fartura com Lakshimi? Segue uma linda magia com essa deusa, que vai trazer amor, fartura e muita beleza para você e a sua casa!

RIQUEZA COM LAKSHIMI

Você vai precisar de:

1 vela amarela
1 incenso de sândalo ou de flores
1 Prato
Moedas douradas
Doces
Fermento em pó
Notas de dinheiro
Imagem de Lakshimi (se não tiver, imprima uma da Internet)
Uma fita amarela

Num dia de sol, realize seu ritual ouvindo o mantra de Lakshimi. Acenda a vela e um incenso e passe a imagem de Lakshimi na chama da vela e na fumaça do incenso, dizendo:

Querida deusa Lakshimi, eu (diga seu nome) te convido a habitar em meu lar, com sua divina energia de prosperidade, amor e harmonia.

Sopre três vezes na imagem e coloque-a no meio do prato. Cante o mantra de Lakshimi e vá passando as notas de dinheiro na chama da vela e na fumaça do incenso, colocando-as no prato em volta da imagem. Coloque as moedas. Pegue os doces e erga, dizendo:

Eu lhe ofereço esses doces, que são simples, mas de coração, querida Lakshimi! Que eles se multipliquem com minha gratidão e se transformem em um banquete em sua dimensão. Que esses doces também espalhem a doçura no coração de todos os seres, de todas as dimensões e de todos os fragmentos de tempo.

Arrume os doces em volta do prato. Salpique então o fermento sobre as notas de dinheiro e moedas, dizendo:

Lakshimi, multiplique toda a riqueza e torne-a infinita como seu amor e sua beleza.

Pegue a fita, passe-a na chama da vela e na fumaça do incenso e escreva seu nome completo nela, incluindo sua data de nascimento. Amarre-a em volta de Lakshimi dando um laço bem bonito. Cante mais um pouco o mantra de Lakshimi visualizando energia dourada e rosa se espalhando por toda a sua casa. Quando terminar, agradeça e finalize o ritual. Deixe a vela queimar até o fim (Cuidado com a nota! Eu já queimei uma de 50 reais!). Quando terminar, pode usar o dinheiro e as moedas normalmente, mas pegue um pouco para comprar algo que lhe dê alegria (mesmo que seja um sorvete). Pode consumir os doces ou dá-los para quem desejar. Deixe a imagem de Lakshimi sempre à vista e mantenha-a com o laço por quanto tempo desejar que ela lhe traga a riqueza. Refaça o encantamento um ano depois.

— Eddie Van Feu
www.eddievanfeu.com

Faça o seu próprio espelho mágico

> Faça você mesmo um espelho mágico – sempre numa segunda-feira – para ajudá-lo a entrar em contato com seu eu interior.

Você precisará de:

- ☺ Uma fonte de luz – uma vela, uma luminária de mesa ou a luz da Lua Cheia... tanto faz.
- ☺ Tinta preta
- ☺ Uma tigelinha cheia de água
- ☺ Papel e lápis

Trabalhe sob a luz do luar ou de uma luminária. Coloque a mão sobre a tinta e peça ao Espírito (ou à sua divindade favorita)

para abençoá-la. Faça a mesma coisa com a água. Derrame a tinta cuidadosamente na água. (Cuidado! Tinta preta mancha!) Faça uma lista das coisas sobre as quais você gostaria de refletir ou descreva uma única situação que gostaria de ver resolvida. Desenhe um símbolo da Lua no papel e coloque a lista sob a tigela.

Feche os olhos e relaxe. Ligue-se com a terra, centre-se. Respire fundo, relaxe e então olhe dentro da tigela de água – não tenha receio, você não vai ver ali nada que o assuste. Agora, peça ao Espírito uma solução para seu problema ou questão. Imagine que a sua mente está se aproximando do Espírito, até tocá-lo, e voltando com a resposta. Tenha paciência, respire profundamente e concentre-se.

Quando conseguir uma resposta ou sentir que fez contato com o Espírito, agradeça a ele e jogue fora a água. Rasgue o papel com a sua lista, procurando adivinhar como se sentirá quando o problema estiver resolvido, e jogue fora os pedacinhos. Não se preocupe se não receber nenhuma resposta imediatamente. Pode demorar alguns dias até que a mente comece a ver a questão com mais lucidez. Você também pode receber uma resposta num sonho ou por meio de um amigo. Abra-se para todas as possibilidades!

Encantamento da Lua Nova para ter inspiração

A energia da Lua Nova é incrível para dar inspiração, especialmente se você não sabe por onde começar ou como concluir alguma coisa. A energia da Lua Nova proporciona a você um novo impulso – um jeito novo de olhar as coisas.

Você precisará de:

☺ Tinta guache (tinta para pintura a dedo também serve)
☺ Um pincel para guache
☺ Água
☺ Papel

Sente-se na sua escrivaninha ou na mesa da cozinha e feche os olhos. Coloque as mãos sobre seu material (tintas, pincel, etc) e peça ao Espírito para abençoá-los para que lhe deem inspiração e criatividade. Usando qualquer cor, pinte uma espiral no papel. Faça um desenho do tamanho que quiser; e não se preocupe – ele não tem que sair perfeito.

Depois que o desenho da espiral secar, peça ao Espírito para que abra a sua mente e deixe-a repleta de inspiração. Passe o dedo pela espiral de fora para dentro, pensando na energia positiva que vem de fora e se transforma em criatividade dentro de você. Você está dentro da espiral. Depois passe o dedo novamente na espiral, agora de dentro para fora, pensando em você usando essa inspiração e criatividade, aproveitando essa energia e irradiando inspiração para o universo inteiro.

Para colocar os problemas de lado

Continue fazendo esse exercício até enjoar. Quando sua mente começar a divagar, é hora de parar. Não pense demais no que você vai criar. Concentre-se no desenho da espiral e no movimento do seu dedo. Muitas vezes, quando você deixa os problemas de lado por um momento, as soluções começam a pipocar na sua cabeça sem que você precise fazer nenhum esforço.

Tenha paciência. A inspiração talvez não venha imediatamente, mas a sua mente aos poucos vai começar a se abrir e você descobre que criatividade maravilhosa você pode ter! Depois que tiver descoberto a resposta que buscava ou concluído o trabalho escolar, você pode guardar a figura da espiral para usar outras vezes ou pode jogá-la fora e fazer uma nova da próxima vez em que precisar de uma mãozinha das musas do universo.

Grade de cristais para proteção instantânea

> As grades de cristais – cristais posicionados em formas geométricas baseadas em geral na geometria sagrada – são instrumentos poderosos, pois a combinação de vários cristais exerce um impacto muito maior do que um único cristal. Seja a grade feita com um único tipo de cristal ou com dois ou vários tipos, as vibrações cristalinas imbuídas da nossa intenção pessoal torna-a incrivelmente poderosa.

As possibilidades de uma grade são infinitas. Elas podem ser grandes ou pequenas e podem ficar dentro de casa, ao redor do corpo ou ao ar livre. Lembre-se de que a rede energética de uma grade se espalha muito além da própria grade, portanto o tamanho dela não é importante. Mesmo uma grade pequena pode ser muito poderosa. E as grades oferecem inúmeros benefícios. Podem criar abundância, proteger um espaço e neutralizar detritos tóxicos. Podem atrair o amor para a sua vida ou enviar perdão e intenção de cura.

A grade abaixo serve para a proteção pessoal. Você pode montá-la embaixo da sua cama, com as pedras que escolher das listas de cristais sugeridos.

Grade de cristais para proteção instantânea

Esta grade conecta seu chakra da Coroa, seu chakra do Coração Superior e seu chakra da Terra com o solo abaixo de você, transmutando energias nocivas para protegê-lo de qualquer tipo de mal. Um cristal adicional, usado como pingente, liga você à grade ao longo do dia.

Como usar a grade: Monte a grade debaixo da cama para protegê-lo durante a noite e para transmutar quaisquer energias nocivas que você tenha absorvido durante o dia.

Época: Use sempre que necessário. Deixe no lugar por longos períodos de tempo (até mesmo por vários anos), desde que a grade passe por uma limpeza regularmente.

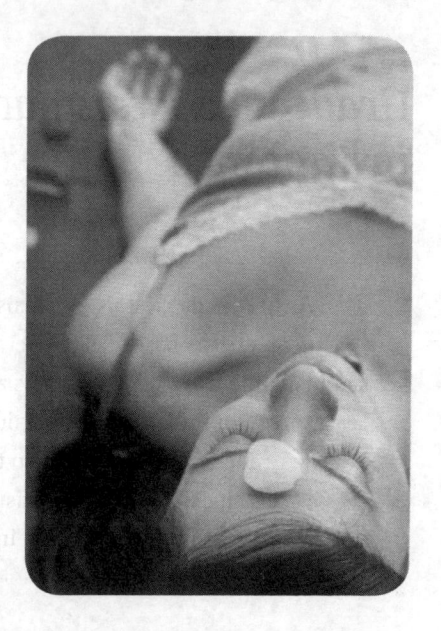

Local: A grade pode ser traçada diretamente no chão, embaixo da sua cama.

Você precisará de:

- ☺ 3 pedras de proteção (Âmbar, Ametista, Turmalina Negra, Aventurina Verde, Labradorita ou Quartzo Enfumaçado)
- ☺ 4 pedras de aterramento (Pederneira, Granito, Hematita, Obsidiana, Madeira Petrificada ou Cornalina Marrom)
- ☺ Um cristal da sua preferência para ser usado como pingente

Para montar a grade:

1. Segure os cristais nas mãos e afirme a sua intenção para a grade.
2. Posicione um cristal onde seus pés estarão quando você se deitar.
3. Posicione um cristal onde vai ficar o topo da sua cabeça.
4. Posicione um cristal mais abaixo, onde seu chakra do Coração Superior estará (você se deitará com o peito na altura desse cristal se a grade estiver sob a cama.)
5. Posicione quatro cristais de aterramento na forma de um quadrado, ao redor da cama.
6. Deite-se e respire fundo dentro da grade. Sinta a energia fortalecendo seus limites.
7. Usando o poder da mente, imagine um raio de luz ligando os cristais que estão numa linha reta e, depois, traga a conexão cristalina para o pingente em sua mão.
8. Conecte o quadrado, usando o poder de sua mente.
9. Coloque o pingente ao redor do pescoço. Use-o constantemente, enquanto você se sentir conectado a ele.
10. Lembre-se de limpar a grade regularmente e usar o pingente todos os dias.

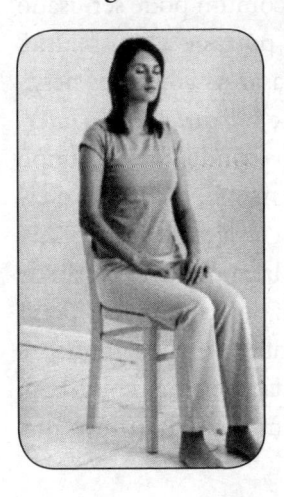

— Extraído e adaptado de
O Guia Definitivo da Geometria Sagrada com Cristais, Judy Hall, Ed. Pensamento.

Purifique-se com sal

O sal é um grande purificador. Ele absorve água e, portanto, absorve também todas as vibrações contidas na água. Retirado da água, o sal purifica qualquer espaço em que está. Também podemos usar o sal para esfoliar e rejuvenescer a nossa pele. Recomenda-se um banho de sal grosso para absorver a dor, a negatividade e o estresse do corpo. O sal limpa e purifica o corpo e é um elemento essencial na bioquímica do nosso organismo. No entanto, quando consumido em excesso, pode elevar os níveis de sódio e ser tóxico para o corpo, por isso use-o com moderação.

Do ponto e vista espiritual, o sal pode ser utilizado para estabelecer limites energéticos e manter a negatividade ou as vibrações positivas dentro deles. Também pode ser usado para remover vibrações negativas de uma casa ou escritório (Veja o encantamento a seguir). Um pulverizador comum pode ser usado para espargir água salgada na abertura das portas e assim manter as vibrações negativas do lado de fora de casa. As vibrações negativas ficam presas no sal e não conseguem se misturar com a energia no corpo. Você pode comprovar isso passando algum tempo na praia. A água salgada do mar purifica a mente, o corpo e o espírito. O sal puxa a negatividade e a água a leva embora.

Como o sal atrai a negatividade, ele também pode ser usado de maneira destrutiva. Se é espalhado na terra, por exemplo, as plantas não crescem mais nesse lugar. O sal também mata a grama, se aplicada em excesso. Eliminar a negatividade é uma coisa boa, mas o excesso de energia destrutiva também pode destruir o que é bom e benéfico para a vida.

ELIXIR DE LIMPEZA E PROTEÇÃO

Este elixir combina sal, resina de olíbano, alecrim, limão e óleo essencial de cedro para dissipar a energia negativa e dar proteção. Primeiro, ferva a água. Despeje a água numa tigela de vidro e adicione o alecrim (fresco ou seco). Você pode usar uma gaze, um saquinho de chá ou deixar as ervas soltas. Corte a extremidade de um limão e esprema o suco na tigela; em seguida, jogue o restante do limão também. Adicione três grãos de sal marinho e um pedaço pequeno de resina de incenso, enquanto a água ainda está quente. Deixe essa mistura descansando para criar uma infusão. Quando a água esfriar, coloque a mistura num borrifador. Você também pode adicionar uma ponta de quartzo transparente e três gotas de óleo essencial de cedro. Deixe o elixir à luz solar por algumas horas ou o dia inteiro. Pulverize onde quiser, dentro de alguns meses. Este elixir é uma boa escolha quando você tem que usar algum espaço que foi recentemente ocupado por outra pessoa (especialmente se você sabe que existe algum tipo de negatividade no local.) É excelente para cômodos da casa, quartos de hotel, escritórios ou mesmo em automóveis. Depois de uma briga, ele pode ser usado para "limpar a atmosfera". Você também pode pulverizá-lo fora de casa e perto de portas e janelas. Ao pulverizar, visualize e entoe:

Limpe e recicle o clima deste local.
Devolva ao lugar o seu bom astral.

Magia da mente – As nossas justificativas para não fazer o que queremos

> Há alguns anos, assisti a um curso rápido sobre planejamento organizacional. O conferencista disse que nas atividades empresariais ou você consegue os resultados que deseja ou encontra "explicações por não ter obtido sucesso". Existem na realidade apenas duas categorias. Nossas explicações por não termos obtido sucesso são uma forma astuciosa de recusa que usamos em todos os aspectos da nossa vida. Elas nos proporcionam desculpas, racionalizações, justificativas ou histórias para explicar por que não obtivemos o resultado que desejávamos. O que elas nunca nos dão são os resultados que queríamos obter.

A nossa mente é muito boa para arranjar motivos para não fazermos as coisas e, de alguma maneira, nos convencer de que as nossas explicações a respeito desses motivos são quase tão boas quanto os próprios resultados que desejávamos! Essas desculpas e justificativas para o fracasso servem para nos manter num estado de negação. Por meio delas, evitamos algo de que temos medo. Caso contrário, não teríamos necessidade de encontrar essas justificativas. Simplesmente diríamos que não tínhamos intenção de alcançar determinado objetivo, qualquer que seja ele.

Os místicos orientais chamam de "pequeno macaco bêbado" a parte de nós que elabora explicações para o nosso fracasso em conseguir as coisas que desejamos. Todos nós damos ouvidos ao macaco bêbado quando precisamos de uma explicação por não termos conseguido fazer determinada coisa, especialmente quando resolvemos seguir uma dieta ou um programa de exercícios físicos, ou quando nos dedicamos a alguma atividade diferente. Qualquer que seja o nosso compromisso, nossa criança interior carente ainda "quer o que quer na hora em que quer". É nesse momento que, inconscientemente, invocamos o pequeno macaco bêbado para que ele nos forneça algumas boas racionalizações para explicar o nosso insucesso em conseguir o que queríamos.

O macaco bêbado ficará feliz em nos apresentar todas as razões pelas quais podemos comer um pedaço de chocolate, mesmo que estejamos fazendo dieta. Na verdade, embora acreditemos ter feito dieta durante vários dias, nós de fato a seguimos durante apenas algumas horas! Os fumantes pegam regularmente um outro cigarro e afirmam que pararam de fumar. Tenho visto pessoas afirmarem: "Parei de fumar. Meu limite agora são alguns por dia."

O macaco bêbado está a serviço da nossa negação. Ele terá prazer em dizer que a perda de um dia de academia não tem importância. Naturalmente, depois de interrompida a rotina, muitos de nós continuamos a perder ainda mais dias de academia. O macaco bêbado toma muito cuidado para não mencionar isso. De fato, se nos esquecemos completamente disso durante alguns meses, ele não vai se dar ao trabalho de nos incomodar. Quando nos lembramos ou somos lembrados por uma outra pessoa, ele entra prontamente em ação e nos fornece uma relação infinita de motivos pelos quais deixamos de fazer ou de conseguir o que queríamos. Veja alguns exemplos dessas razões mais comuns: "Não tenho tempo", "Estou muito ocupado", "Não sei como fazer isso", "Vou parar se você parar.", "Bem, você não parou e por isso eu não vou parar.", "Ele/ela me impediu/obrigou a fazer isso.", "Não me importo.", "Não sou bom o bastante.", "Eu não sabia.", "Eu na verdade não sabia que existia um regulamento ou um limite de velocidade."

Em geral, escolhemos algumas explicações que nos agradam mais e as usamos para todas as coisas. Nossas razões para deixar de fazer as coisas servem para todos os aspectos da nossa vida.

Quando usamos em alguma circunstância uma dessas razões para não agir, ela automaticamente se aplica a todas as outras circunstâncias. Isso se transforma num hábito. Talvez não "tenhamos tempo", por exemplo, para fazer exercícios nem para cozinhar e, assim, "temos" de comprar comida pronta. Em outras áreas da vida, talvez não tenhamos tempo de responder e-mails, telefonar para as pessoas, conferir o extrato da nossa conta-corrente, concluir um projeto profissional e assim por diante.

EXERCÍCIO PARA DESCOBRIR O MEDO QUE O IMPEDE DE FAZER O QUE QUER

Faça uma tabela com cinco colunas. Escreva na primeira coluna as áreas com relação às quais você tem tido dificuldades – seja na sua profissão, nos relacionamentos ou nas atividades de lazer. Na segunda, descreva aquilo que você quer. Na terceira coluna, anote as justificativas do macaco bêbado correspondentes a cada uma das dificuldades que você relacionou. Dê as suas razões para não fazer aquilo que precisa ser feito e, depois, na quarta coluna, descubra quais são as outras áreas afetadas e o medo evitado. Depois que você tiver descoberto, enfrentado e eliminado o seu medo (sentindo-o), você não precisará mais da sua negação. Se puder examinar todas as áreas da sua vida, você vai notar que habitualmente usa a sua desculpa favorita para todas as outras coisas.

Eu compreendo que você pode não ter tido tempo para se dedicar a determinadas atividades porque precisava cuidar dos filhos ou trabalhar. Isso, porém, é uma questão de você equilibrar a sua vida de acordo com o que você quer. Obviamente, todos tivemos de fazer opções para ter atendidas todas as nossas necessidades. Entretanto, eu aposto que você usa o mesmo "não tenho tempo" com os seus filhos ou em seu trabalho para evitar certas atividades.

Talvez os cuidados que você dispensa aos seus filhos sejam uma boa desculpa para não cuidar de si mesmo. Ou, quem sabe, pode ser que você use o seu trabalho como uma desculpa para não dar a si mesmo o prazer de que você necessita em outras áreas. Nesse caso, essa é apenas mais uma justificativa ou um pretexto que você está usando para evitar alguma coisa dentro de si mesmo.

Assim, para preencher a quarta coluna você deve analisar a sua vida. Em que outras áreas você usa essa desculpa? Observe a si mesmo enquanto, ao longo do dia, você usa as suas desculpas e justificativas para evitar enfrentar ou fazer alguma coisa em várias áreas da sua vida – por exemplo, com o seu parceiro ou com os seus filhos. Há mais alguma coisa que você deixa de fazer por estar cansado ou sem tempo? Brincar com os seus filhos? Fazer amor? Observe como você usa as mesmas desculpas em diferentes áreas de sua vida. Relacione na coluna quatro todas as outras áreas de sua vida em que você usa a sua desculpa favorita.

Examine todas as áreas da sua vida que são afetadas por esse medo. Você vai descobrir que a influência dele é mais forte nas áreas em que você se sente insatisfeito ou que lhe causam problemas. Mergulhe nos seus sentimentos a respeito disso e deixe de ouvir o seu macaco bêbado e passe a ter mais satisfação em todos os aspectos a sua vida.

— Extraído e adaptado de *Luz Emergente*,
Barbara Brennan, Ed. Pensamento.

É preciso prestar atenção

Na grande tragédia moderna de Arthur Miller, *A Morte de um Caixeiro-Viajante* (1949), Willy Loman, um caixeiro-viajante, começa a ter comportamentos muito estranhos. A mulher dele, Linda, parece ser a única pessoa que repara nisso – ou se importa com isso. "É preciso prestar atenção", ela diz no primeiro ato. Ele é "um ser humano, e uma coisa terrível está acontecendo com ele. Por isso é preciso prestar atenção. Ele não pode ser jogado no túmulo como um cachorro velho. Atenção, é preciso prestar atenção a essa pessoa". (Só para constar, acrescento que a tragédia clássica – os gregos, Shakespeare, a grande ópera – gira em torno da morte de reis. O gênio de Miller levou as dimensões clássicas da tragédia para a vida de pessoas comuns como Willy Loman, você e eu.)

Qual é a lição que a peça de Miller nos dá? Quem conhecemos em nossa "vida real" que precisa ser notado? Em quem precisamos prestar atenção? E que tipo de atenção?

Vamos começar admitindo uma coisa: não conseguimos prestar atenção nas pessoas se não prestamos atenção em nós mesmos. Cuidar de nós mesmos não é um comportamento egoísta. Não podemos ajudar os outros se não soubermos ajudar a nós mesmos. Cuidar de si significa ser um bom exemplo para as outras pessoas, ao mesmo tempo que se é capaz de ajudá-las. Portanto, dê uma boa olhada em si mesmo. Em que parte da sua vida você precisa prestar atenção. Onde você está sendo negligente? Primeiro, preste atenção à sua saúde física. Marque uma consulta com um profissional de saúde. E siga a orientação dele. Se você não faz exercícios físicos, comece a fazer uma caminhada diária ou matricule-se numa escola de yoga. Você certamente não quer ser jogado no túmulo como um cachorro velho.

Segundo, cuide da sua saúde emocional e psicológica. Se precisa de ajuda, peça. Meu pai sempre me dizia que, se não vale a pena pedir uma coisa, também não vale a pena obtê-la. Esse é um bom conselho. Vamos segui-lo e pedir ajuda quando precisarmos.

Terceiro, também é preciso dar atenção ao seu bem-estar espiritual. Não seja um espiritualista preguiçoso. Não ignore as mensagens e sinais que recebe de fontes sobrenaturais e invisíveis. Não seja o seguidor passivo de nenhum líder espiritual. Examine suas crenças e tenha uma conversa franca com líderes da sua religião e estudiosos que você respeita. Se você é um praticante solitário, estude mais e procure interagir com outros praticantes. Renove seus rituais solitários também, para ressignificá-los. Se você é wiccano, não siga simplesmente a Roda do Ano. Preste atenção nas outras datas sagradas dos wiccanos. Que significados cada uma delas tem para você? Preste atenção às fases da Lua.

Precisamos prestar atenção nos nossos sentidos e ouvir nossa intuição. Nos dias em que realmente presto atenção aos detalhes, sinto a textura dos tecidos e a sensação que provocam na minha pele. Passo vários minutos saboreando a minha comida, reparando na temperatura em que ela está e no prazer que me proporciona. Ouço música e deixo que ela toque a minha alma. Eu me lembro de ser grata por tudo que tenho na vida e nunca subestimar a importância das pessoas que amo.

Não vamos andar no piloto automático. Vamos prestar atenção ao que pode estar escondido em meio ao que parece comum. Vamos prestar atenção aos detalhes de cada momento. Esse tipo de atenção pode, no mínimo, tornar o dia a dia mais interessante. Nós, espiritualistas e praticantes de magia, podemos parecer pessoas comuns, mas sabemos que o extraordinário vive em nós. Também sabemos, é claro, que não vamos atingir a perfeição, mas quando entendemos que precisamos dar atenção a nós mesmos, também entendemos que precisamos dar atenção às outras pessoas. Olhe à sua volta. Você presta atenção nas outras pessoas? A vida no século XXI é tão ocupada que, embora possamos estar conectados aos nossos amigos através de dispositivos eletrônicos, podemos não estar conectados a eles no nível da alma, assim como estamos quando nos sentamos com eles no mundo real, para uma conversa ou refeição. Você se senta para almoçar com seu parceiro e seus filhos? Tem conversas de verdade com eles ou vocês apenas se reúnem em torno da TV e assistem ao futebol ou à novela?

Em *A Morte de um Caixeiro-Viajante*, os filhos de Willy convidam-no para jantar, mas na hora marcada encontram algumas garotas e o deixam sozinho. O filho de seu antigo empregador o demite. Ele é abandonado por todos na peça, exceto por Linda, mas ela não consegue salvá-lo – e é por isso que a peça é uma tragédia.

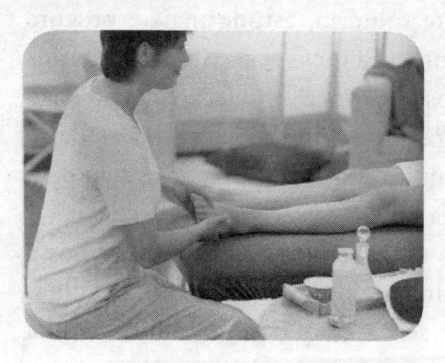

Precisamos prestar atenção à nossa família e aos amigos. Você consegue detectar o início de situações que podem se tornar problemáticas? O que poderia fazer para evitar esses problemas? A quem poderia pedir ajuda? Será que alguém está enviando pequenos sinais de que precisa de ajuda?

Atenção deve ser dada à nossa família, incluindo os nossos animais de estimação. (Por favor, note que nós não somos "donos" desses animais.) Quando acha que "possui" um ser, você o escraviza. O que podemos fazer pelos nossos filhos peludos, emplumados ou com guelras em caso de necessidade, seja no dia a dia ou numa situação de maior gravidade? Eu tinha em minha casa dois gatos da raça Maine Coon resgatados, chamados Heisenberg e Schroedinger. Quando Schroedinger teve um problema nos rins, não me restou outra saída a não ser recorrer à eutanásia, Heisenberg ficou muito carente. Quando adotei outro gato, ele a princípio ficou com ciúmes e começou a atacá-lo. Demorou algumas semanas – mais algumas gotas do floral Rescue Remedy (sem álcool) em sua tigela de água – e atenção cuidadosa da minha parte para ajudá-los a se tornarem amigos.

Os pagãos sempre dizem que reverenciam o chão onde pisam. Gostam de dizer que prestam atenção à Mãe Terra. Acampam e fazemos rituais ao ar livre e comungam com a Mãe Natureza.

Precisamos prestar atenção às nossas comunidades, o que pode incluir aqueles que vieram antes de nós: nossos antepassados, professores e anciãos que trouxeram nossas tradições até o presente. Podemos dar mais valor à experiência e sabedoria dessas pessoas.

Willy Loman não recebeu nenhuma homenagem até que se jogasse entre os carros e se matasse, e até mesmo seu funcral foi inadequado. Você e eu podemos nos lembrar do que Linda disse, "É preciso prestar atenção" – e reconhecer a importância de nós mesmos, nossas comunidades e nossas famílias, amigos e animais de estimação. E você? O que pode fazer para prestar mais atenção?

– Extraído e adaptado de
"Attention Must Be Paid", Barbara Ardinger,
Llewellyn's 2018 Witches Companion.

Encantamento pela justiça divina

Às vezes as coisas fogem do nosso controle e a vida pode ficar mais complicada do que esperávamos. Talvez você tenha sofrido uma injustiça ou tenha sido acusado de algo que não fez.

Quer se trate de um caso grave ou não, a balança da justiça está sempre pronta para pender para o lado certo. Ela corrigirá qualquer injustiça e restabelecerá o equilíbrio. Veja o que é preciso fazer.

Primeiro é preciso que você entenda que a Justiça Divina é realmente cega e fará ajustes onde quer que seja necessário. Se você de fato tem alguma culpa, peça perdão ao Espírito e faça o que for preciso para restabelecer você mesmo o equilíbrio da balança. Se você (ou a pessoa para quem você está fazendo o encantamento) tem mesmo culpa, não pode esperar que as coisas fiquem como estão. No entanto, o Espírito não espera que você seja punido ou castigado, especialmente se você aprendeu com seu erro. Este encantamento o ajudará a equilibrar os pratos da balança, fazendo com que tudo o que aconteça seja para o seu bem e protegendo você de qualquer reação exagerada das outras pessoas envolvidas no caso.

Antes de começar, sente-se em silêncio e procure acalmar seus sentimentos com relação à injustiça em questão. Neste encantamento você invocará a energia da deusa Maat – a deusa egípcia da Ordem Divina e da Justiça – para que a justiça seja feita.

Você precisará de:

- ☺ Uma folha de papel laranja
- ☺ Uma caneta hidrocor preta
- ☺ Um envelope
- ☺ Uma tesoura

Em primeiro lugar, faça um exame de consciência; depois, comece a trabalhar com Maat. Quando estiver pronto, escreva seu nome completo no alto da folha. Então, sem tirar a ponta da caneta do papel, desenhe um quadrado em volta do seu nome, sem deixar nenhuma lacuna entre as linhas da figura. Enquanto faz isso, imagine que um muro de proteção está sendo erguido à sua volta. Esse muro continuará de pé até que o problema seja resolvido. Depois escreva o nome da pessoa que está contra você ou uma palavra-chave que dê uma ideia da situação. Feito isso, segure o papel com ambas as mãos e diga:

"Eu a invoco, Maat, e clamo por justiça.
Se apresente agora com sua balança em punho,
Equilibrando minha vida e corrigindo essa injustiça.
Que tudo se esclareça e a verdade prevaleça".

Fique em silêncio por alguns segundos e imagine a figura imponente de Maat surgindo para fazer o que lhe foi pedido. Quando sentir que chegou o momento, pegue a caneta e escreva sobre o nome da outra pessoa ou da palavra-chave as quatro letras do nome de Maat. Assim você fará com que o poder da Deusa da Justiça envolva essa pessoa ou situação. Escreva as letras bem devagar e com a clara compreensão de que a paz, a harmonia e a verdade impedirão que essa pessoa ou situação contrarie a Justiça Divina.

Agora dobre o papel em três partes, de modo que ele caiba num envelope. As três partes representam o início do problema, a sua constatação que ele existe e, finalmente, o seu reconhecimento de que ele logo estará resolvido da forma mais justa possível. Agora lacre o envelope, escreva do lado de fora em letras grandes: "MAAT", e deixe-o sob uma luz que represente a Luz da Justiça brilhando sobre a situação.

No dia seguinte, pegue uma tesoura e, devagar, corte três tiras do envelope, começando pelo lado direito. À medida que corta as tiras, deixe que caiam num cesto de lixo e diga as seguintes palavras:

"Com este ato estou cortando a injustiça
Para que ela se dissipe como fumaça no ar.
A verdade prevalece e meu futuro brilha
Maat, traga a justiça, agora para ficar".

Repita esses versos três vezes, um para cada tira de papel que você cortar. Quando tiver cortado as três tiras, segure o envelope entre as palmas das mãos e diga:

"Deusa Maat, a injustiça foi desfeita
Tudo conforme seus planos.
Volte, por favor, trazendo equilíbrio
Restabelecendo a justiça no coração dos homens".

Guarde para o dia seguinte o que ainda sobrou do envelope e limpe o cesto de lixo, tirando as três tiras da sua casa. Faça isso todos os dias até que tenha cortado em tiras todo o envelope e seu conteúdo, sem que reste mais nada. Então diga:

"Os pratos da balança estão equilibrados.
A justiça foi feita, para que a verdade vença.
Vou aceitar, deusa Maat, o seu veredicto
E o cumprimento da minha sentença.

*Justiça Imparcial, Magia Imparcial,
Libertem-me com seu poder.
Que sua vontade seja feita
E a verdade possa prevalecer!"*

Se sentir que precisa repetir o encantamento, lance-o mais duas vezes, usando mais folhas de papel e dois outros envelopes. Assim você estará acompanhando o ritmo do número três, que é usado nesse trabalho. Se a Justiça for feita ou você receber uma resposta antes que tenha cortado todas as tiras do envelope, não interrompa o trabalho. Prossiga com o encantamento até concluí-lo, para garantir que a Justiça Divina prevaleça.

A Wicca oferece algo que poucas religiões oferecem: liberdade. Podemos agir segundo a nossa própria consciência, sem medo de um deus vingativo, contando pecados e virtudes. Isso é extremamente libertador, mas também pode ser aterrorizante. Pois o preço dessa liberdade é aceitar a nossa total responsabilidade.

Devoção diária aos ancestrais

Os ancestrais são muito importantes para que possamos entender nosso lugar na vida – como chegamos aqui e quanta energia que fluiu para nós do passado nos impulsionará para o futuro.

Para praticar esta devoção você precisa pesquisar seu histórico familiar. Procure fotos e converse com seus familiares. Como eles veem o mundo? Quais os acontecimentos que mudaram a vida deles? Antes de começarmos, não cometa o erro de cultuar os que se foram antes de nós, colocando-os num pedestal. Eles não foram deuses. Como todas as pessoas, eles tinham qualidades e defeitos.

Muitas pessoas do mundo da magia acreditam que os entes queridos mortos podem ajudar os vivos. Isso não tem nada de assustador. Se sua avó amava você antes de deixar este mundo, ela não vai se transformar num monstro de olhos injetados só porque morreu. Não há nada de errado em pedir a ela um pouco de energia positiva que possa ajudá-lo quando você estiver passando por alguma dificuldade.

Depois que tiver investigado seu histórico familiar,

anote por escrito o nome de seus familiares e seu grau de parentesco com você. Use uma vela roxa ou branca (ou a representação de uma vela) e diga:

> *"Eu presto minhas homenagens àqueles que se foram antes de mim.*
> *Que o Espírito abençoe meus ancestrais.*
> *Eu presto minhas homenagens à minha Mãe [nome].*
> *Eu presto homenagem ao meu Pai [nome].*
> *Eu presto minhas homenagens às minhas avós [nomes].*
> *Eu presto minhas homenagens aos meus avôs [nomes].*
> *Eu presto minhas homenagens aos meus bisavós [nomes, se possível].*
> *O tempo não é linear.*
> *O tempo avança em ondas.*
> *Todos os caminhos são circulares para o Espírito.*
> *Abençoe aqueles que partiram antes de mim*
> *E aqueles que irão depois que eu já tiver partido.*
> *Assim seja".*

Sinta-se à vontade para acrescentar à sua lista amigos ou animais de estimação – na verdade, quem você quiser. E se você não gostar de alguém que está na lista anterior? Peça ao Espírito para abençoar essa pessoa de qualquer forma – ela provavelmente precisa mais dessa bênção do que as outras! Se a lembrança dessas pessoas for dolorosa para você, lembre-se de elas estão sempre com você, mesmo que apenas em memória. Prestar homenagem a elas é uma forma de transformar o pesar em energia positiva e evocar um sentimento de comunhão com o universo.

Veja, sinta, ouça o mundo invisível

> Muitos sensitivos, médiuns ou canalizadores vivenciam o mundo espiritual através dos sentidos: visão, audição, tato e audição. Esses sentidos tornam-se canais para o sexto sentido.

A maioria das energias da natureza, como o ar, por exemplo, não é captada pelos nossos sentidos, portanto não surpreende que você não perceba as energias do plano espiritual. Nós vemos o que queremos ver, ouvimos o que queremos ouvir.

Os exercícios a seguir vão intensificar três dos seus sentidos mais importantes – o tato, a visão, e a audição – e torná-lo mais consciente de coisas que você normalmente não vê, toca ou ouve. Isso significa que você pode em breve começar a interagir com outros campos de energia, sejam espirituais ou materiais.

SONS

Muitos médiuns "ouvem" vozes espirituais porque sintonizam uma frequência diferente e ouvem sons que a maioria não ouve. Para desenvolver a audição parapsíquica, ouça todos os sons ao seu redor enquanto estiver sentado em silêncio na sua casa. Uma alternativa é encontrar um lugar tranquilo na natureza e ouvir os muitos sons que irradiam do silêncio aparente. Você ouvirá sons por mais silencioso que lhe parecer o ambiente. Depois que estiver em sintonia com a sua audição parapsíquica, você começará a captar o que vêm dos "espaços entre" as coisas e que você normalmente conhece como sons. Na natureza, você pode ouvir trovões a distância, quando normalmente não teria ouvido, o farfalhar de folhas ao vento, um galho caindo sobre a terra macia. Quando estiver mais em sintonia com a sua audição parapsíquica, você pode ouvir um telefone tocando antes do seu telefone tocar de fato, vozes de espíritos sussurrando na chuva, um tilintar musical nas árvores ou o bater de asas dos pássaros quando não vê nenhum pássaro.

TOQUE

Eis um exercício simples para maximizar o seu sentido do tato.

1. Coloque uma folha, uma fruta ou um cristal na palma da mão. Todos esses objetos têm o seu próprio campo de energia eletromagnético. Sente-se calmamente, feche os olhos e se concentre no objeto e no que sente na palma da mão. Ele é quente, macio, frio, duro? Faz sua mão ficar mais quente ou mais fria? O objeto parece ter uma energia diferente da sua?

2. Agora toque o objeto com os dedos da outra mão. Aos poucos afaste-os cerca de 5 a 8 centímetros do objeto e você logo conseguirá sentir a energia sutil, quer seja quente, fria ou vibrante, sendo atraída para o seu próprio campo de energia.

Continue a fazer esse exercício para tornar mais sensível o seu tato parapsíquico. Alguns médiuns recebem mensagens do mundo espiritual tocando ou segurando os objetos de entes queridos, sejam falecidos ou simplesmente ausentes, para tentar entrar em contato com eles ou descobrir onde estão. Isso é conhecido como psicometria.

VISÃO

Deixamos de ver muita coisa, mesmo no mundo material. Eis um exercício para ajudá-lo a começar a perceber as coisas e os "espaços entre as coisas", de maneira diferente. Mantenha o dedo na sua frente, com o braço estendido, no nível dos olhos e olhe para ele. Enquanto você se concentra, tome consciência de tudo ao seu ao redor, mas sem focar a atenção em nada que não seja o seu dedo. Comece a observar outras coisas no cômodo ou na paisagem. Gradualmente aumente a sua consciência das coisas em torno de você enquanto ainda se concentra em seu dedo. Isso vai exercitar a sua consciência periférica enquanto você olha pelos cantos dos olhos e suas pupilas ainda estão focadas bem na sua frente. Perceba as coisas que estão quase atrás de você.

— Extraído e adaptado de *A Bíblia da Vida Após a Morte*, Sarah Bartlett, Ed. Pensamento.

Uma mulher em defesa de todas as outras

> A violência contra as mulheres existe desde sempre. Felizmente há, entre elas, algumas corajosas que ousam falar de problemas que uma cultura patriarcal não reconhece, necessariamente, como problemas, mas que não podem mais ser encobertos nestes tempos de resgate do Sagrado Feminino e empoderamento das mulheres.

Rebecca Solnit, uma figura fundamental do movimento feminista e uma pensadora radical, é uma dessas mulheres. Em seu livro *Os Homens Explicam Tudo para Mim* ela conta o que a levou a criar o termo *mansplaining*, para situações em que os homens explicam às mulheres coisas que elas sabem e que eles não sabem, assumindo que são superiores simplesmente por serem do sexo masculino:

Até agora não sei por que Sallie e eu nos demos ao trabalho de ir àquela festa, numa encosta arborizada logo acima de Aspen. As pessoas eram todas mais velhas que nós, parecendo muito chatas e distintas, e tão velhas que Sallie e eu, duas quarentonas, éramos as mocinhas da festa. A casa era bacana, um chalé de madeira rústico-luxo, a 2.700 metros de altitude, com tudo que tem direito – chifres de alces nas paredes, muitos tapetes de tear jogados pelo chão, fogão a lenha. Já estávamos nos preparando para ir embora quando o dono da casa disse: "Não, fiquem um pouco mais! Quero conversar com vocês". Era um homem imponente que já tinha ganhado muito dinheiro. Por fim ele nos convidou a sentar e me perguntou: "Então! Ouvi dizer que você já escreveu dois livros?" Respondi, "Sim, escrevi vários, na verdade". Ele então falou, daquela maneira como a gente incentiva o filho de 7 anos da amiga a contar como é sua aula de flauta: "Ah! E eles são sobre o quê?"

Na verdade, eram sobre coisas muito diversas, os seis ou sete publicados até então, mas comecei a falar apenas do mais recente, naquele dia de verão de 2003: *Rio das Sombras: Eadweard Muybridge e o Faroeste Tecnológico*, meu livro sobre a aniquilação do tempo e do espaço e a industrialização da vida cotidiana. Ele me cortou assim que mencionei Muybridge. "E você já ouviu falar daquele livro *muito importante* sobre Muybridge que saiu este ano?" Tão mergulhada estava eu no papel de *ingénue* que me fora atribuído que me senti perfeitamente disposta a aceitar a possibilidade de que outro livro sobre o mesmo assunto tivesse sido publicado ao mesmo tempo que o meu, sem eu me dar conta. Ele já estava me contando sobre aquele livro superimportante – com aquele olhar presunçoso que eu conheço tão bem nos homens quando começam a falar e falar, com os olhos fixos no horizonte nebuloso e distante da sua própria autoridade.

Quero dizer agora mesmo que minha vida está bem salpicada de homens adoráveis, que me ouviram, me incentivaram e me publicaram. Mesmo assim, existem também outros homens, homens daquele tipo. Bem, então o Sr. Muito Importante continuava falando, todo satisfeito, sobre aquele livro que eu *tinha* que conhecer, quando Sallie o interrompeu, dizendo: "Esse é o livro dela". Ou melhor, tentou interromper. Mas ele continuava firme. Ela teve que dizer "Esse é o livro dela!" três ou quatro vezes até ele finalmente captar a coisa. E então, como num romance do século XIX, seu rosto perdeu a cor, ficou cinzento. O fato de que eu era, realmente, a autora daquele livro tão importante – que no fim das contas ele nem tinha lido, mas apenas lido a respeito – colocou em total confusão as categorias bem divididas e bem classificadas do seu mundo. O homem ficou atordoado, mudo. Isto é, por alguns instantes – até começar a falar sem parar outra vez. Como somos mulheres, nós duas esperamos educadamente até estarmos longe dos ouvidos dele, e só então começamos a rir. E até agora não paramos.

Eu gosto de incidentes desse tipo, quando forças que normalmente são tão sorrateiras e difíceis de identificar deslizam para fora da vegetação e ficam tão óbvias como, digamos, uma jiboia que acaba de engolir uma vaca, ou um cocô de elefante no meio do tapete.

Sim, é verdade que pessoas de ambos os sexos aparecem em eventos para conversar sobre coisas irrelevantes e teorias conspiratórias, mas esse tipo de confrontação, com a confiança total e absoluta dos totalmente ignorantes é, pela minha experiência, típica de um dos gêneros. Os homens *mansplaining*, ou seja, explicam coisas para mim, e para outras mulheres, quer saibam ou não do que estão falando. Alguns homens.

Toda mulher sabe do que eu estou falando. São as ideias preconcebidas que tantas vezes dificultam as coisas para qualquer mulher em qualquer área; que impedem as mulheres de falar, e de serem ouvidas quando ousam falar; que esmagam as mulheres jovens e as reduzem ao silêncio, indicando, tal como ocorre com o assédio nas ruas, que esse mundo não pertence a elas. É algo que nos deixa bem treinadas em duvidar de nós mesmas e a limitar nossas próprias possibilidades – assim como treina os homens a ter essa atitude de autoconfiança total sem nenhuma base na realidade.

A arrogância é uma guerra que as mulheres enfrentam praticamente todos os dias, e também uma guerra dentro de si mesmas – essa convicção de que são supérfluas, esse convite ao silêncio. Uma síndrome da qual não me libertei por completo, apesar de uma boa carreira como escritora. Afinal, houve um momento em que eu estava disposta a deixar que o Sr. Muito Importante e a sua autoconfiança esmagadora atropelassem minhas frágeis certezas.

Ter um *status* público como historiadora me ajudou a me manter firme nas minhas posições; mas poucas mulheres podem se valer de um estímulo assim, e deve haver bilhões de mulheres por aí, neste planeta de 7 bilhões de pessoas, sendo informadas de que não são testemunhas confiáveis das suas próprias vidas, que a verdade não é propriedade delas, nem agora, nem nunca.

Os homens continuam explicando tudo para mim. E nenhum homem jamais se desculpou por querer me explicar, erroneamente, coisas que eu sei e ele não sabe. As coisas melhoraram, mas essa guerra não vai terminar durante o meu tempo de vida. Eu continuo lutando – por mim mesma, sim, mas também pelas mulheres mais jovens, na esperança de que elas saibam que ser tratada como algo inferior não é resultado das suas próprias falhas secretas; é a velha e chata guerra dos sexos, e acontece, em algum momento da vida, com a maioria de nós que somos mulheres.

— Extraído e adaptado de
Os Homens Explicam Tudo para Mim,
Rebecca Solnit, Ed. Cultrix.

Que tipo de buscador espiritual você é?

> Este questionário ajudará você a descobrir que tipo de buscador espiritual você é, guiará o propósito da sua alma em sua jornada e o ajudará a descobrir o significado por trás da sua busca. Responda o que vier primeiro à sua mente, de maneira instintiva, pois, quanto menos você pensar na resposta, mais precisos serão os resultados.

Meu primeiro contato com a espiritualidade foi por meio de:
Uma celebração (7)
Um livro, almanaque ou programa de televisão (3)
Um contato próximo ou visual com um mestre espiritual (2)
Uma compreensão espiritual íntima (1)
Um amigo ou membro da família compartilhou comigo uma sabedoria religiosa ou espiritual (4)
Leitura do horóscopo (6)
Uma aula de yoga ou de meditação (5)

Eu me tornei espiritualizado quando:
Passei por uma crise na vida (3)
Nasci espiritualizado ou fui criado com espiritualidade (1)
Viajei (6)
Aprendi que, de alguma maneira, a vida é muito mais do que pensamos (2)
Um relacionamento acabou ou perdi um ente querido (4)
Comecei a praticar yoga ou meditação (5)
Abracei um estilo de vida mais alternativo (7)

Eu me sinto conectado com o meu lado espiritual quando:
  Me alimento bem e me exercito (2)
  Medito, rezo, participo de alguma celebração e/ou falo com meus guias espirituais (1)
  Viajo (5)
  Estou cercada por pessoas com ideias afins (7)
  Posso mergulhar os pés na água ou sentir a grama entre meus dedos dos pés (3)
  Estou espalhando amor e sabedoria aonde quer que eu vá (4)
  Estou cercada por qualquer forma de beleza (6)

O líder espiritual que eu mais gostaria de conhecer seria:
  Paulo Coelho (7)
  O Papa (5)
  Gandhi (1)
  O Dalai Lama (4)
  Um iogue ou guru (2)
  Buda ou Jesus (3)
  Meu anjo ou guia pessoal (6)

No meu tempo ocioso, eu gosto de:
  Ficar sozinha no meu refúgio (1)
  Praticar yoga, fazer uma caminhada, surfar ou praticar outra atividade física (3)
  Ler (2)
  Meditar e relaxar (4)
  Me socializar (7)
  Decorar ou produzir alguma coisa (6)
  Estar em meio à natureza (5)

Quando se trata de trabalho:
   É apenas uma maneira de pagar as contas (7)
   Trabalho por conta própria (1)
   Sou mãe em tempo integral (6)
   Tento seguir meu propósito na vida por meio da minha profissão (4)
   Estou seguindo meu propósito por meio da minha profissão (2)
   Adoro meu trabalho porque me ajuda a me sustentar financeiramente (3)
   Penso em pedir demissão todas as semanas (5)

Sou capaz de reconhecer outra pessoa espiritualizada da seguinte maneira:
   Pela liberdade com que fala a respeito de todas as religiões e espiritualidade (1)
   Pelo que veste (7)
   Pelo estilo de vida (4)
   Pelo quanto se sente feliz (2)
   Pela música que aprecia (6)
   Pelo trabalho dela (5)
   Pelas coisas que diz (2)

Quando eu era criança, o que eu mais queria conhecer era:
   Uma sereia (4)
   Um unicórnio (7)
   Uma baleia (1)
   Uma fada (5)
   Um urso (2)
   Uma princesa (6)
   Uma tartaruga (3)

Pontuação

Agora some os pontos entre parênteses de cada uma das suas respostas:

7-11 Você é alma antiga. Um observador, um ouvinte e um líder; sua jornada envolve aprender a paciência, o perdão, e transmitir sabedoria para aqueles que você consegue identificar como seus discípulos. Você pode criar um efeito cascata: comece com uma pessoa e depois cure e transforme muitas. Esta jornada envolve permanecer centrado, estável e ancorado, independentemente das tempestades que você tenha que enfrentar. Sua vida pode vir acompanhada de sacrifício, e você é frequentemente desafiado e testado, tentado pela sedução de dar as costas ao seu propósito porque, às vezes, o caminho fácil é o mais atraente. Lembre-se de que você está destinado a trilhar o caminho menos percorrido.

12-18 Você é uma alma divertida, pura e vigorosa. Está aberta a novas ideias e acredita em sempre expandir sua mente, estendendo-se a novos limites e esforçando-se para continuar a crescer, desenvolver e alcançar novas alturas espirituais. Sua jornada envolverá experiências que o desafiam a se transformar e evoluir. A sua vida envolve fé, crescimento, novas experiências e movimento. Você não tem medo do desconhecido – na realidade, você o convida para sua vida e entende que ele é a chave do seu aprendizado e crescimento espiritual.

19-25 Você é uma alma sensível e intuitiva. Tem tido mais experiências de vida do que a maioria das pessoas que conhece e tem um dom natural para se entrosar, se comunicar e inspirar os outros. Sua jornada envolve se tornar um mensageiro, um líder e um mestre para os outros, o que, publicamente, poderia levá-lo a ser escritor, palestrante, professor, instrutor, atriz, cantor ou artista de vários segmentos. Suas lições de vida são amar, cuidar e deixar um rastro de bondade ao longo da sua jornada.

26-30 Você é um facilitador para a cura e foi dotado da capacidade de transformar vidas. Tem uma conexão com a Mãe Natureza e frequentemente se vê procurando maneiras de ajudar as pessoas. Você pode ser um excelente orientador, agente de cura, médico ou conselheiro pessoal, trabalhando em comunidades onde pode ensinar e tocar a vida das pessoas. Assim como a mariposa é atraída pela chama, as pessoas são atraídas pelo seu brilho – você ilumina os lugares, faz a luz brilhar nos pontos escuros das pessoas e não raro tem um dom natural para deixar os outros se sentirem mais livres. Você vive radiantemente, e o mundo precisa da sua luz.

31-38 Você é uma alma protetora, angelical e cheia de vida. Tem um brilho natural que o deixa em evidência. As pessoas vão ao seu encontro e, por causa disso, você é muito social e popular. Você tem um chamado interior para a irmandade, e se sente mais fortalecido quando está cercado por almas afins. Suas lições estão ligadas a amizades, relacionamentos e à família, e a dominar a arte do amor, a ensinar e a guiar outros irmãos de alma.

39-44 Você é uma alma talentosa e bela. Não é incomum que você seja atraído por joias de cristal, perfumes, aromaterapia e pela moda. Você deixa um rastro de magia depois de cada passo que dá na sua jornada. Seu caminho envolve enxergar a beleza em todas as coisas, em todas as experiências e em todas as pessoas – você sempre vê o lado luminoso das coisas, deixa um rastro perfumado por onde passa e tem uma radiância natural que atrai os outros com sua beleza interior!

45-49 Você é uma alma independente e corajosa. Os outros admiram e comentam sua liberdade e capacidade de seguir seu coração e sonhos. Você adora rir e aproveitar a vida, e sua jornada envolve buscar diariamente a realização. Tem uma afinidade pelas viagens e se sente mais à vontade na estrada. Sua alma cresce com cada salto corajoso que você dá. Sua jornada envolve criar novos caminhos, aventurar-se no desconhecido e apresentar a si mesma o desafio de deixar sua zona de conforto.

50+ Sua alma está aqui para sentir alegria e encanto, enquanto espalha felicidade e amor para os que estão na sua companhia. Às vezes, os outros o consideram opressivo, porque é extremamente sincero, enfático e direto na sua abordagem da vida. Entende a realidade de um modo mais amplo e acredita ser possível desfrutar de cada momento – dos bons, dos maus e dos incomuns! Aqueles que não se afastam adoram estar na sua companhia, porque você ajuda as pessoas a se libertarem e a não dar tanta importância ao ego. Sua jornada diz respeito a ajudar as pessoas a se divertirem, ajudar os que estão ao redor a expandir horizontes, a se soltar e a dançar no ritmo da vida.

– Extraído e adaptado de
O Despertar da Deusa,
Emma Mildon, Ed. Pensamento.

Magia grega com lenços

> Seja para enxugar uma lágrima ou servir como um acessório charmoso, os lenços têm feito parte da nossa vida há mais de mil anos.

Foi Shakespeare, no entanto, com sua peça *Otelo*, quem deu ao lenço um significado mágico, quando fez o de Desdêmona desaparecer como que por encanto e reaparecer no quarto do seu suposto amante. Essa foi, aos olhos de Otelo, uma das provas da infidelidade da esposa, que o levou a matá-la injustamente.

Como aprendi a magia grega dos lenços

Não faz muito tempo que eu soube que meus antepassados gregos, das ilhas do mar Egeu, também tinham suas próprias crenças nas propriedades mágicas dos lenços.

Era uma tarde ensolarada de outono, há alguns anos, quando fui visitar a minha mãe em sua casa. Ao chegar, sentei-me ao lado de um vaso onde havia uma planta. Isso não era incomum. Mas havia algo no vaso que era incomum: um lenço, amarrado com um nó. Parte do nó não podia ser visto porque estava coberto de terra. Que estranho, pensei comigo mesmo.

Eu não tinha ideia, mas estava prestes a aprender uma história de família e ser iniciado na tradição familiar de magia do lenço grego.

Estendi a mão para examinar minha descoberta bizarra.

– O que é isso? – perguntei.

– Não toque nisso! Deixe aí – respondeu minha mãe, com um olhar repreensivo.

– Mas por que você tem um lenço num vaso?

– Se prometer não tocar, eu conto. – Ela começou a rir. – É o que a minha mãe costumava fazer quando perdia alguma coisa.

Agora fazia sentido. A mãe da minha mãe, Katina, era versada na arte da magia popular grega. Ela sabia feitiços para tirar mau--olhado e lia o futuro nas folhas de chá. Para abençoar a casa, misturava cravo e azeite de oliva, e depois entoava um encantamento secreto enquanto o borrifava pela casa. Quando deixou a Grécia para se mudar para os Estados Unidos, levou suas tradições mágicas consigo.

Então agora eu estava prestes a aprender outra das suas magias gregas. Minha mãe começou a explicar que, no dia anterior, ela havia perdido um pingente de ouro. Para ajudá-la a encontrá-lo, decidiu usar uma simpatia grega que a minha avó lhe tinha ensinado. Ela disse que, quando a mãe dela perdia algo, pegava um lenço, enrolava-o, juntava as duas pontas e dava um nó enquanto pensava no objeto perdido. Então costumava pressionar o nó na terra de um vaso, dentro de casa ou no jardim. As pontas soltas do lenço ficavam expostas, acima do solo.

Em um dia ou dois, o objeto apareceria. Então, seguindo esses passos, foi o que minha mãe fez. Em poucos dias, encontrou seu pingente, que havia enrolado num lenço de papel e jogado dentro da bolsa. Um dia depois de realizar a magia do lenço, ela disse que teve a sensação de que deveria procurar dentro da bolsa, e foi então que o encontrou.

Depois de aprender tudo o que podia com a minha mãe sobre essa antiga tradição mágica, comecei a usá-la eu mesmo. Como descobri em muitas ocasiões, ela de fato funciona. Recuperei meu talão de cheques, as chaves do carro e até mesmo um arquivo importante no trabalho usando a magia do lenço grego. Eis a seguir instruções detalhadas sobre como fazer a magia do lenço grega.

Como executar a magia do lenço grega

A magia do lenço grega é muito fácil de fazer. Tudo o que você precisa é de um lenço. Use um que você já tem há algum tempo, pois ele já estará imbuído com sua energia. Sempre a realize quando algo estiver perdido. Você pode usá-la para encontrar joias, um documento, seus óculos – qualquer coisa que possa imaginar.

Depois de procurar pelo seu item perdido, se não encontrá-lo, escolha um lenço. Pode ser branco, colorido, simples ou extravagante. Pode ser de renda, algodão, seda ou linho. Qualquer um serve. Comece pensando no objeto perdido enquanto manipula o lenço algumas vezes. Agora, role o lenço. Junte as pontas e amarre o lenço com um nó. O nó deve ficar no meio. Visualize o objeto perdido em sua mente enquanto amarra o nó. Neste ponto, diga: "Eu não vou desamarrar você até que me traga o meu (nome do objeto) de volta para mim!" Se desejar, pode pressionar o lenço com o nó na terra de um vaso, em casa ou no jardim. (Por que isso é feito pelos praticantes de magia gregos eu nunca descobri.) Ou faça o que eu faço: coloque o lenço onde o objeto perdido era guardado. Por exemplo, se você perdeu um anel, coloque o lenço em sua caixa de joias, e assim por diante.

Agora, deixe o lenço nesse lugar e volte para a sua rotina diária. Para mim, geralmente em uma hora ou duas, de repente me ocorre o que eu estava fazendo da última vez em que estava segurando o objeto. Eu refaço meus passos e encontro o objeto perdido. Pode ser difícil de acreditar, mas dá certo.

Quando encontrar seu item perdido, agradeça ao lenço e desate o nó. Se você deixou seu lenço na terra, lave-o. Agora você tem uma nova ferramenta mágica, que deve ser utilizada apenas para esse fim. Mantenha seu lenço num altar ou guardado numa gaveta.

Algumas dicas

Como funciona a magia dos lenços? Eu não sei. Mas muitos especialistas em comportamento humano dizem que nós nunca perdemos nada de fato. Em algum lugar do nosso subconsciente, sabemos onde as coisas "perdidas" estão. Eu sinto que no momento em que você dá o nó no lenço, ele ajuda a acionar a sua memória.

Aqui estão algumas coisas para lembrar quando executa a magia do lenço grega:

- Deixe o lenço fazer o seu trabalho. Não se estresse tentando lembrar onde algo está. Não se surpreenda se você tiver um palpite de repente e souber onde alguma coisa está. Eu conheci pessoas que fizeram o nó no lenço e imediatamente souberam onde estava o item perdido.
- Se estiver em apuros e se encontrar numa situação em que não haja nenhum lenço disponível, use um papel toalha. Isso aconteceu comigo e funcionou bem.
- É difícil acreditar que um simples pedaço de pano pode possuir tal poder. Mas lembre-se das palavras de Otelo ao descrever o tecido do seu lenço especial para Desdêmona: "Há magia em sua trama".

– Extraído e Adaptado de
"Greek Handkerchief Magic",
James Kambos, *Llewellyn's 2018 Magical Almanac*.

O que a posição em que dormimos revela sobre nós

> Eu realmente aguardo com prazer a hora de dormir. Adoro dormir porque minha alma sempre dá um jeito de se envolver em uma aventura; aprendo coisas, vivencio coisas e obtenho pistas a respeito de situações que, de outra maneira, talvez eu não compreendesse.

Já acordei antigos parceiros com risinhos travessos e gargalhadas no meu sono por causa de alguma grandiosa aventura. Já entrei em contato com entes queridos que morreram e almas que estão prestes a entrar na minha vida. Dizem que os guias nos instruem por intermédio dos nossos sonhos.

O modo como dormimos também pode revelar muito sobre o nosso jeito de ser. Veja a seguir algumas informações sobre cada posição e o que ela revela sobre cada um de nós.

Dormir de lado com os joelhos dobrados perto do peito, com o corpo em forma de bola.

Essa posição comprime nossas passagens de ar e pode ser estressante para nossa respiração e pulmões. Também coloca pressão sobre as costas e o pescoço. Por outro lado, é ideal durante a gravidez e no caso de pessoas que roncam. As pessoas que apreciam a posição fetal tendem a ser pessoas que gostam de estar o tempo todo no controle da sua vida; elas gostam de planejar e querem que as coisas funcionem adequadamente, e não raro analisam excessivamente as coisas, se preocupam e são sensíveis demais. As pessoas que dormem nessa posição também são amáveis e ponderadas. Com frequência, quem está sofrendo estresse ou pressão dorme nessa posição, porque ela transmite a sensação de segurança do útero.

Dormir de lado com as pernas e os braços estendidos formando uma longa linha (como uma tora).

Dormir de lado, estendido dessa maneira é a melhor posição natural de descanso para sua coluna, podendo ajudar a aliviar a dor nas costas e no pescoço. Esse tipo de pessoa tende a ser inflexível e rígida; gosta de regras e não raro pode ser percebida como autoritária, obstinada ou teimosa. No entanto, as pessoas que dormem nessa posição também apreciam um desafio e não têm medo de assumir o controle de qualquer situação.

Dormir de lado com as pernas e os braços estendidos diante de você.

Essa posição tem os mesmos prós e contras da posição da tora. Esta posição é para aquelas que perseguem os sonhos – aproveitam as oportunidades e gostam de ser desafiadas na vida. Também podem ser suas piores críticas, e tendem a ser muito duras consigo mesmas.

Dormir de costas, braços ao longo do corpo, pernas estendidas (como um soldado em posição de sentido).

Dormir de costas é considerada uma das melhores posições para o fluxo natural do sangue para os órgãos, e pode ajudar as pessoas que têm problemas digestivos. No entanto, essa posição pode ser uma má ideia, caso você costume roncar! As pessoas que dormem nessa posição tendem a apresentar uma fachada confiante para o mundo, mesmo quando não estão se sentindo tão confiantes assim. Podem ter uma mente fechada; no entanto, no lado positivo, elas são determinadas, centradas e tendem a ser leais. Elas se mostram resolutas no estado desperto.

Dormir de costas, braços estendidos para cima e pernas estendidas para fora de modo que seu corpo fica parecendo uma estrela.
Essa posição tem os mesmos prós e contras da posição do soldado.
Além disso, dormir de costas também pode beneficiar a pele e ajudar a combater o processo de envelhecimento. As pessoas que dormem na posição da estrela-do-mar são abertas, progressivas, liberais e vibrantes. São confiantes e abertas a todos os estilos de vida e modos de pensar.

Dormir de bruços com a cabeça enterrada no travesseiro ou com o pescoço virado para um dos lados.
Essa posição também pode favorecer a digestão; no entanto, como é comum virar o pescoço para poder respirar livremente, ela pode ser estressante para a medula espinhal, já que trabalha contra a curva natural das costas. As pessoas que dormem de bruços tendem a ser confiantes, sociáveis e cordiais, e se sentem no seu ambiente ideal quando estão no meio de uma multidão ou em evidência, também tendem a ser mais sensíveis aos pensamentos e opiniões dos outros quando estão sozinhas, na intimidade.

– Extraído e adaptado de *O Despertar da Deusa*, Emma Mildon, Ed. Pensamento.

Encantamento para ajudar um amigo deprimido

> Este é um encantamento maravilhoso para um amigo ou parente que esteja passando por um momento difícil, especialmente se ele comentar que não está conseguindo dormir direito à noite.

Você precisará de:

- ☺ Papel e caneta
- ☺ Um saquinho roxo
- ☺ Um saquinho de chá de alfazema
- ☺ Um punhado de alecrim triturado
- ☺ Uma fita ou agulha e linha (roxa, de preferência)
- ☺ Uma gota do seu óleo ou perfume predileto

O Cisne Negro

O Cisne Negro do Tempo dos Sonhos é uma antiga lenda dos aborígines australianos, que acreditam que o Cisne Negro possa nos conduzir com segurança pela terra dos sonhos.

Escreva num pedaço de papel o nome da pessoa que você quer ajudar (pode ser você mesmo). Encha o saquinho com as ervas e coloque dentro dele o papel. Amarre ou costure a boca do saquinho e derrame ali uma gota do óleo ou perfume. Aperte o saquinho entre as mãos e diga:

> *"Cisne Negro, leve-me em suas asas*
> *Pelo lago escuro do sono.*

*Sombras do passado me levam
às margens do Tempo dos Sonhos.*

*"Durmo seguro durante a viagem
Sobre as águas do inconsciente.
Na magia do mundo dos sonhos
Os problemas se afastam da minha mente.*

*"Guia-me, cisne negro, enquanto eu caminhar.
Carregue-me, seguro, de volta para o lar.
Desvenda-me o mistério quando eu despertar,
Para que todas as respostas eu possa adivinhar".*

Coloque o sachê sob o travesseiro do seu amigo (ou do seu próprio), para ter uma agradável noite de sono! Renove esse encantamento a cada trinta dias.

Proteção energética a todo instante

Somos todos seres sensíveis, capazes de sentir o bem e o mal que nos rodeia. Existe toda uma gama de técnicas de proteção parapsíquica para nos manter "impermeáveis" a muitas influências externas. Essas influências externas incluem pessoas negativas ou manipuladoras, bem como energias espirituais deletérias ou tumultuadas no ambiente. É importante que você encontre uma forma de proteção que funcione com você e a que possa recorrer sempre que necessário.

Em primeiro lugar, para aprender como se proteger da negatividade de outras pessoas no dia a dia, faça o exercício da bolha protetora, apresentado a seguir.

Bolha protetora

Este ritual de proteção ajudará você a se defender das energias negativas das pessoas ao seu redor. Nosso espaço pessoal é exatamente isso, e este é um ótimo exercício para se fazer todas as manhãs, antes do trabalho ou de qualquer viagem ou reunião com pessoas estranhas, ou situações sociais em que você se sentir vulnerável.

1. Sente-se num lugar tranquilo, com os olhos fechados. Concentre a mente numa luz branca brilhante imaginária, como se fosse uma esfera imóvel na sua frente. Veja-a ficar cada vez mais brilhante até estar maior do que um balão.

2. Gradualmente veja a luz começar a envolvê-lo, abrangendo todo o seu corpo numa enorme bolha brilhante, não apenas acima, mas atrás e ao seu redor, e abaixo de você também. Visualize a superfície exterior da luz se tornar um cristal de proteção ao seu redor.

3. Diga a si mesmo: "Esta luz vai me proteger de todas as energias negativas. Este campo de luz vai ficar comigo para sempre. Nenhum pensamento negativo vai perdurar em mim".

4. Mantenha a imagem por alguns minutos e depois abandone-a gradualmente. Antes de deixar sua bolha de proteção imaginada, diga: "Minha bolha está sempre ao meu redor, mesmo que eu não possa vê-la". Agora abra os olhos e volte às atividades normais.

Você pode, a qualquer momento durante todo o dia, recordar a imagem da bolha para reforçar a sua proteção em torno de você.

— Extraído e adaptado de
A Bíblia da Vida Após a Morte,
Sarah Bartlett, Ed. Pensamento.

Magia para atrair dinheiro

> O ideal é que este ritual seja realizado na Lua Nova, mas também pode ser em qualquer terça-feira ou domingo em que a lua estiver quase nova ou entre nova e cheia.

Ingredientes:

- ✦ 9 laranjas
- ✦ Uma tigela que não seja de plástico, suficiente para acomodar nove laranjas
- ✦ Fita dourada
- ✦ Fita verde
- ✦ Uma vela verde
- ✦ Opcional, mas recomendado: algumas gotas de óleo essencial de canela e/ou cravo-da-índia, misturadas com uma colher de sopa de óleo de girassol.

Reúna todos os ingredientes e concentre-se. Entalhe um cifrão na vela. Se estiver usando óleo, passe-o na vela, espalhando uma fina camada sobre toda a superfície, menos na base e no pavio. Acenda a vela. Coloque as mãos em posição de prece, feche os olhos e diga:

Invoco os anjos da abundância.

Dirija as palmas abertas na direção das laranjas e fitas e diga:

Envolvo estes ingredientes com a luz magnética da prosperidade.

Visualize uma luz cintilante verde/dourada/furta-cor descendo através do topo da sua cabeça, indo para o coração e saindo pelas mãos, na direção das laranjas e fitas. Então, faça um laço em volta de uma laranja com um pedaço de fita verde e outro com a fita dourada. Depois de fazer o laço, segure a laranja com as duas mãos e diga:

> *Abro as comportas da abundância e*
> *dou as boas-vindas à infinita riqueza*
> *em minha vida neste momento.*

Coloque a laranja na tigela e repita essas palavras com cada laranja. (Se algum dos laços cair, não se preocupe – o ritual vai dar certo do mesmo jeito.) Quando tiver terminado, coloque as mãos em posição de prece e diga:

> *Está feito. Obrigada, obrigada, obrigada.*
> *Abençoado seja. Assim seja.*

Coloque a tigela dentro do forno e a vela perto dele. Deixe a vela arder ou apague-a e acenda-a de novo (como for mais conveniente) até que ela se queime por completo. Você pode tirar as laranjas do forno e afastar a vela se precisar usar o forno; apenas as recoloque no lugar depois. Quando a Lua estiver cheia ou no dia seguinte, enterre as laranjas ou coloque-as no monte de composto ou no jardim para que elas retornem à terra. Ou, neste caso, pode comê-las – apenas se certifique de jogar as cascas fora da maneira mencionada. (Se você comê-las, estará internalizando a magia, o que provavelmente vai ser muito interessante de uma maneira provavelmente agradável, embora imprevisível.) Amarre as fitas juntas, fazendo um amuleto, e pendure-o ou coloque-o na área da gratidão e da prosperidade, ou pendure-o do lado de fora da porta da frente, na maçaneta do lado de dentro ou na parede interna acima da porta da frente.

– Extraído e adaptado de
A Arte da Magia para Arrumar e Proteger a sua Casa,
Tess Whitehurst, Ed. Pensamento.

Anote seus medos e preocupações numa folha de papel. À noite, queime o papel e observe as cinzas flutuarem em direção ao céu, desaparecendo da sua vida para que você possa se concentrar na contínua busca espiritual que se estende à sua frente.

Dicas sobre a magia do dinheiro

Quando você pagar alguma coisa – não importa em que fase a Lua esteja –, dobre o dinheiro ao entregá-lo ao vendedor, deixando as extremidades das notas voltadas para você. Ao passá-las para as mãos dele, abra ligeiramente as notas dobradas, de modo que você possa ver o vinco. Quando as notas se abrem, a energia volta para você, aumentando a sua prosperidade (sem prejudicar a da pessoa que está recebendo o dinheiro).

Espalhe canela em pó sobre suas notas de dinheiro, imaginando que ele voltará para você numa quantidade dez vezes maior. Tire o excesso de canela com um pincel.

A magia da comida

> Em quase todas as culturas, a comida sempre desempenhou um papel físico e espiritual. A tradição judaica proíbe a ingestão de porco, os hindus proíbem a ingestão da carne de boi e muitas tribos de índios norte-americanos proíbem a ingestão de alimentos que não sejam sagrados. Por outro lado, existem alimentos que conferem poder espiritual.

As cerimônias indígenas frequentemente se baseiam em rigorosas regras a respeito da comida a ser servida. Quando realizei duas semanas de cerimônias xamânicas no Peru, fui submetida a uma dieta de purificação. Os alimentos que me foram oferecidos não continham sal, açúcar e carnes pesadas, e eram conhecidos por criar um corpo saudável e uma psique aberta.

O que cada um desses exemplos demonstra é que a comida é um medicamento poderoso. Às vezes, o remédio reside naquilo que absorvemos e, às vezes, ele depende do que deixamos de ingerir. A questão é: como saber o que comer ou beber, e o que deixar de ingerir?

Em meio a um excesso de opções (não raro conflitantes), existe dentro de cada um de nós a pequena voz que sabe a resposta para a nossa pergunta. É a voz do nosso eu intuitivo, a nossa parte que está inerentemente conectada à nossa verdade mais profunda e sempre sintonizada com o que nosso corpo, mente e alma precisam. Nossa intuição nos faz lembrar que temos que desacelerar, ouvir e prestar atenção às mensagens e sinais que o nosso corpo continuamente nos envia. Essas mensagens podem ser transmitidas de várias maneiras, como em uma fome genuína, desejos ardentes, vícios, alergias, disposições de ânimo benéficas e prejudiciais, níveis de energia altos e baixos, desconforto físico e sensações prazerosas.

As mensagens emocionais da comida

Esta lista poderá ajudá-lo a começar a perceber seus desejos intensos e escolhas alimentares através de uma lente de autoaceitação, autorrespeito e bondade. Por exemplo, se constatar que vem comendo principalmente comidas crocantes, como pipoca, batata frita e castanha de caju, você poderá observar se está zangado. Procure descobrir com o que ou com quem está zangado. Se você vive comendo pão ou bolos recheados, provavelmente está procurando aconchego no lugar errado – na comida em vez de nos relacionamentos. Ao refletir sobre a sua alimentação, você pode entrar em contato com seu coração e atender às suas necessidades mais profundas de maneiras que envolvam um amor por si mesmo maior do que literalmente se empanturrar de doces. Se você mudar sua atitude e seu comportamento, seus desejos por comida e seus hábitos alimentares também se tornarão mais saudáveis.

Alimentos crocantes: raiva. Os alimentos crocantes nos ajudam a extravasar a raiva de maneira segura, oferecendo-nos uma saída para que não tenhamos que lidar com as pessoas ou circunstâncias que estão nos deixando zangados.

Alimentos salgados: medo. Ansiamos por alimentos salgados porque queremos ter mais "tempero" na nossa vida, mas estamos amedrontados demais para correr o risco.

Produtos com um elevado teor de glúten ou trigo: conforto e segurança. O que é mais reconfortante do que uma fatia de bolo recém-saído do forno ou uma lasanha? Os produtos com glúten nos oferecem o aconchego e a segurança que precisamos de uma forma não ameaçadora. Alguma vez você já foi rejeitado por uma fatia de bolo?

Laticínios (leite, sorvete, queijos). Nosso primeiro alimento foi o leite – o leite materno. Laticínios açucarados e/ou gordurosos representam o amor incondicional que recebemos – ou deveríamos ter recebido – no início da infância. Ansiamos por laticínios e comida quando desejamos amor incondicional e proteção e não conseguimos encontrá-los na nossa vida cotidiana.

Chocolate: impulso sexual. Somos todos seres sensuais e sexuais. Comer chocolate é uma maneira segura de nos sentirmos sensuais quando nossa vida carece de romance. Também é um substituto para o sexo e o amor físico de que precisamos, mas que podemos estar amedrontados demais para obter.

Álcool: aceitação. Se você não se sente aceito por ser quem você realmente é, ou pior, se você foi punido por ser você mesmo quando era jovem, o álcool pode propiciar a ilusão da autoaceitação. Ele também pode protegê-lo dos perigos percebidos da intimidade. O açúcar no álcool pode funcionar como um substituto para a alegria de viver. O milho no álcool pode amortecer os sentimentos de fracasso, e o álcool de cereais pode nos proporcionar os sentimentos afetuosos que talvez estejam ausentes em nossos relacionamentos.

Açúcar: alegria de viver. Quando não conseguimos sentir alegria na vida, o açúcar faz isso por nós; se não somos capazes de permitir que outra pessoa compartilhe alegria conosco, podemos usar o açúcar como um companheiro de divertimento.

Milho: sucesso. Todos queremos ser e nos sentir bem-sucedidos. Comer milho ou produtos derivados do milho pode não apenas nos imbuir momentaneamente de uma sensação de sucesso profissional, como também nos proteger de sentimentos de insegurança e fracasso profundamente arraigados.

Alimentos gordurosos: vergonha. Os alimentos gordurosos ocultam a nossa vergonha interior. Eles também nos envolvem em uma bolha de vergonha (gordura), de modo que ficamos a salvo das outras pessoas. Afinal de contas, deixar que alguém se aproxime poderá nos fazer sentir pior ainda a respeito de nós mesmos.

PERGUNTAS PARA DESENVOLVER A CONSCIÊNCIA

O que eu comi hoje: _____

O que eu queria comer (se for diferente do que eu efetivamente comi): _____

Quando comi hoje (horas específicas): _____

Onde comi hoje (o ambiente): Com quem eu comi: _____

Meu estado emocional imediatamente antes de eu comer: _____

Meu estado emocional depois de eu comer: _____

Meus pensamentos predominantes enquanto eu comia (o meu diálogo interior): _____

Meus pensamentos predominantes depois de eu comer: _____

Minha energia imediatamente antes de eu comer: _____

Minha energia depois de eu comer: _____

Recebi alguma orientação interior intuitiva antes de comer em algum momento do dia de hoje? Caso isso tenha acontecido, qual(is) foi(foram) a(s) mensagem(ns)? Eu segui a orientação? _____

Foco de cura especial: para lidar com a minha doença ou queixa atual (seja ela aguda, crônica ou potencialmente fatal), sinto de maneira intuitiva, ou um praticante profissional sugeriu, que eu poderia adicionar ou eliminar o seguinte da minha alimentação: _____

Observações finais (percepções intuitivas, sentimentos ou pensamentos): _____

— Extraído e adaptado de *Manual Prático do Corpo Sutil*, Cindy Dale, Ed. Cultrix.

Ritual dos biscoitos de aveia para sorte e prosperidade

> A receita usada neste encantamento é minha receita culinária favorita. Todos adoram esses biscoitos, sejam veganos ou não.

Ingredientes:

- ¾ de xícara de farinha de trigo integral
- ½ xícara de açúcar orgânico
- 2 xícaras de flocos de aveia
- ½ colher de chá de bicarbonato de sódio
- ½ colher de chá de fermento em pó
- ¼ de colher de chá de canela
- ½ colher de chá de sal
- 1/3 de xícara de tofu de consistência semifirme
- 1/3 de xícara de óleo de canola
- ½ xícara de xarope de bordo
- 1 colher de sopa de extrato de baunilha
- 1 xícara de gotas de chocolate

Preaqueça o forno a 350 graus. Assim que ligar o botão para preaquecê-lo, coloque as mãos espalmadas acima do fogão e diga:

Neste momento invoco e ativo as energias da sorte, da prosperidade e as que sustentam a vida e vivem dentro deste fogão.

Numa tigela grande, misture a farinha, o açúcar, a aveia, o fermento em pó, a canela e o sal. Num liquidificador ou processador, misture o tofu, o óleo, o xarope e a baunilha. Despeje a mistura do tofu na mistura da farinha e mexa no sentido horário. Ao mexer, repita mentalmente ou em voz alta as palavras "saúde, riqueza, alegria, abundância, sorte", várias vezes, até que a mistura fique homogênea.

Adicione as gotas de chocolate e continue a mexer, repetindo mentalmente ou em voz alta: "A vida é doce e tudo está bem". Depois que as gotas de chocolate estiverem bem misturadas, acrescente colheradas cheias da massa numa forma untada e coloque-a no forno. Antes de fechar a porta, sopre três beijinhos para dentro do forno.

Deixe assar de 12 a 15 minutos ou até que as bordas dos biscoitos estejam marrons. Coma e divida com qualquer pessoa que você quiser abençoar com abundância e sorte. Se tiver o prazer de partilhar os biscoitos com outras pessoas, pode ser divertido não mencionar nada a respeito da natureza mágica deles e observar os efeitos que causam nos comensais, alguns dos quais vão ser, com certeza, quase imediatos.

– Extraído e adaptado de
A Arte da Magia para Arrumar e Proteger a sua Casa, Tess Whitehurst, Ed. Pensamento.

Faça uma boa limpeza em sua vida

> Na década de 1980, eu era uma das principais profissionais que aplicavam a técnica do *rebirthing* (renascimento), uma maneira de liberar bloqueios internos por meio da respiração. Sempre fui eficiente em motivar as pessoas a se ajudarem, e comecei a sugerir a eliminação da bagunça como uma "lição de casa" suplementar para alguns de meus clientes que estavam estagnados na vida.

Nos casos mais extremos, eu me propunha a realizar o renascimento na casa da pessoa, e não na minha. Creio que ao perceber a diferença entre como a casa deles os fazia se sentir e como se sentiam na minha, eles se envergonhavam, e isso os obrigava a agir.

Lembro-me, em particular, de uma cliente de longa data, uma jovem que estava se recuperando do vício em heroína. Depois que teve uma série de recaídas, compreendi que precisava recorrer a uma abordagem mais firme. Recusei-me a trabalhar de novo com ela, a menos que fizéssemos uma sessão em sua casa, e ela cumpriu a promessa de abandonar o vício, deixando a casa preparada para uma sessão de *rebirthing*. Fazer isso foi algo muito difícil para ela. Sua autoestima baixara tanto ao longo dos anos que ela estava vivendo na imundície. Porém, pôs-se a trabalhar com vontade e, sentindo-se triunfante, convidou-me para que fosse ao seu apartamento algumas semanas depois. Saltava aos olhos quanto trabalho havia sido feito, e também era notável a mudança dela mesma nessas semanas. As poucas sessões seguintes de terapia foram de profundas rupturas para ela.

Alguns anos depois, encontrei-me por acaso com ela num lugar público e não a reconheci. Transformara-se numa mulher que irradiava beleza, repleta de felicidade e de amor pela vida, com uma carreira bem-sucedida, na qual fazia o que sempre sonhara. Disse-me que a mudança começara em nossas sessões, e que jamais voltara a tocar na heroína nem olhara para trás. Eliminando a bagunça, ela fez uma boa limpeza em sua vida também.

Você e sua casa

A razão pela qual a eliminação da desordem é tão eficiente é que, enquanto a pessoa está pondo em ordem seu mundo exterior, mudanças também ocorrem no âmbito interior. Tudo a seu redor, em especial o ambiente doméstico, espelha seu eu interior. Por isso, ao mudar sua casa você também muda as possibilidades de sua vida. A remoção dos obstáculos ao fluxo harmonioso de energia no ambiente em que vive cria mais harmonia em sua vida e abre espaço para que novas e maravilhosas oportunidades cheguem até você.

O que é exatamente a bagunça? Vamos examinar cada um dos tipos de bagunça para que você não tenha dúvidas a respeito de qual deve ser seu foco.

Coisas que você não usa e de que não gosta

Coisas de que você gosta, que usa e aprecia criam energias fortes, vibrantes e alegres, e permitem que a energia flua no espaço em torno delas. Se você tem um objetivo bem nítido em sua vida e se cerca de coisas dotadas dessa maravilhosa energia que flui livremente, você terá uma vida feliz, alegre, em que tudo corre bem. Pelo contrário, tudo o que for negligenciado, esquecido, não desejado, não amado ou não utilizado fará com que a energia de sua casa fique estagnada; então, você sentirá que sua vida não está indo adiante.

Você está ligado a todas as coisas que possui por meio de finos fios de energia. Quando sua casa está cheia de coisas de que você gosta ou das quais faz bom uso, isso se torna uma fonte inacreditável de apoio e de progresso. A bagunça, por outro lado, draga sua energia e, quanto mais você a mantiver, mais ela o afetará. Quando você se livra de tudo o que não tem significado ou importância real para você, então, literalmente, você se sente mais leve de corpo, de mente e de espírito.

Coisas que estão desarrumadas ou desorganizadas

Mesmo que você reduza suas coisas apenas àquilo que usa e de que gosta, sua casa ainda estará bagunçada se elas estiverem esparramadas por todos os cantos e for difícil encontrar determinados objetos quando você precisa deles. Provavelmente, como acontece com a maior parte das bagunças, o que você está mantendo é a ordem no caos e, ainda mais, você precisa manter coisas expostas bem a sua vista para se lembrar de assuntos importantes que tem para resolver. Mas se alguém, de fato, o coloca em xeque e lhe pergunta onde está determinada coisa, na melhor das hipóteses você sabe apenas a direção genérica dela e raramente tem certeza da localização precisa.

Pense nas chaves de sua casa. Você sabe onde elas estão ou tem de pensar muito para chegar a elas? E quanto àquela conta que você precisa pagar? Onde ela está? Quando suas coisas estão embaralhadas e confusas, os fios entre você e elas assemelham-se a um espaguete emaranhado. Isso cria tensão e confusão em sua vida em vez da paz e da clareza que você sente quando sabe onde tudo está.

Nessa categoria, a bagunça consiste em coisas que não têm lugar definido, ou que têm mas foram retiradas dele e ficaram misturadas a todo o resto. Elas incluem pedaços de papel, vindos não se sabe de onde, que se acumulam em pilhas enormes, resistindo, desafiadoras, a todas as suas tentativas para classificá-los e ordená-los. Também há aquelas compras por impulso. Você as traz para casa e diz para si mesmo: "Por enquanto, vou deixar isto aqui". E pode acontecer de aquilo ficar ali durante meses, anos ou até mesmo décadas, sempre parecendo ligeiramente fora de lugar e provocando um leve incômodo nos bastidores de sua mente.

Muita coisa num espaço pequeno demais

Às vezes, o problema é apenas uma questão de espaço. Sua vida ou sua família se expandiram, mas sua casa continuou do mesmo tamanho ou, então, nunca foi grande o bastante. Você pode ser muito criativo quando se trata de guardar coisas; mas quanto mais abarrota o espaço em que vive, menos espaço sobra para a energia se movimentar e mais difícil fica fazer qualquer coisa.

A única solução é se mudar para um lugar maior ou livrar-se de grande parte de suas coisas. Você ficará surpreso ao perceber quanto se sentirá melhor, seja qual for a sua opção.

Qualquer coisa inacabada

Essa forma de bagunça é mais difícil de ver e mais fácil de ignorar do que as outras, mas seus efeitos têm longo alcance. Qualquer coisa inacabada, seja física, mental, emocional ou espiritual, deixa em desordem sua psique.

Coisas com que você não lida na casa refletem questões com que você não lida na vida e são um constante escoadouro de energia. São consertos insignificantes, como reparar a gaveta quebrada ou consertar a torneira que pinga continuamente, mas também podem ser tarefas de maior fôlego, como redecorar a casa, consertar o ar-condicionado ou dar um jeito na selva na qual seu jardim se transformou. Quanto maior a escala, mais sua capacidade de seguir em frente com sua vida é afetada.

Botões que precisam ser pregados, chamadas telefônicas que você precisa fazer, amizades que precisa deixar de lado e muitas outras formas diferentes de "pontas soltas" dificultam seu progresso se você não lidar com elas. A mente subconsciente suprime escrupulosamente essas coisas se você lhe pede isso, mas uma boa dose de sua energia está sendo despendida. Você ficará surpreso ao perceber como seus níveis de vitalidade aumentarão se completar todos os assuntos pendentes.

Sua casa é uma representação externa do que está ocorrendo dentro de você; assim, se as coisas estão em confusão do lado de fora, há também algum tipo de confusão dentro de você. Ordenando o exterior, o interior começa nitidamente a se encaixar.

– Extraído e adaptado de
Arrume a sua Bagunça e Transforme a sua Vida,
Karen Kingston,
Ed. Pensamento.

Limpeza mágica do chão

> A limpeza mágica do chão é um modo poderoso de dar espaço para o que você quer na sua vida. Ela instila uma vibração magnética que ajuda a manifestar o resultado que você deseja. Depois de ter limpado o piso normalmente, você está pronta para começar.

Limpeza do Chão para a Prosperidade

Ingredientes:

- ☺ Um balde ou outro recipiente semelhante
- ☺ Um punhado de folhas frescas de manjericão ou uma colher de chá de manjericão desidratado
- ☺ Cascas de uma laranja
- ☺ Óleo essencial de hortelã-pimenta
- ☺ Um esfregão
- ☺ Uma panela ou caldeirão
- ☺ Um borrifador (se tiver carpete)

Coloque o manjericão e a casca de laranja na panela, encha-a de água e coloque-a no fogo. Quando a água começar a ferver, tampe a panela, abaixe o fogo e deixe em fogo baixo durante 5 minutos. Ponha água no balde a adicione a mistura fervida. Coloque 7 gotas do óleo de hortelã-pimenta na água e agite. Imponha as mãos sobre a água, feche os olhos e visualize uma luz verde brilhante com poeira dourada cintilante flutuando ao redor do balde, vinda do céu como num raio de luz, entrando pela sua cabeça, indo para o coração e movendo-se pelos dedos e as palmas das mãos para generosamente impregnar a mistura. Com o olho da mente, veja essa luz girando poderosamente no balde. Se você tem carpete, ponha um pouco da mistura no borrifador. Esfregue todo o piso com ela. Se o degrau da porta de entrada ou da varanda for feito de um material que pode ser molhado, pode passar o esfregão também nessas áreas. Então, borrife levemente os carpetes com a mistura. Você pode também borrifar o degrau de entrada se não puder esfregá-lo.

– Extraído e adaptado de
A Arte da Magia para Arrumar e Proteger a sua Casa,
Tess Whitehurst, Ed. Pensamento.

Tudo está interligado. Quando olhamos para nossa casa com isso em mente, vemos que ela é como uma extensão, ou reflexo, do nosso corpo, da nossa vida e dos nossos altos e baixos emocionais. Isso ilustra o famoso preceito mágico de Hermes Trismegisto: "Assim em cima como embaixo". Em cima, o mundo visível (nossa casa) e, embaixo, o mundo invisível (nossos pensamentos, sentimentos e experiências) são, não apenas espelhos um do outro, mas uma só e única coisa.

Garrafa de bruxa para proteção mágica

> Todos os praticantes de magia deveriam fazer uma garrafa de bruxa, que há centenas de anos os bruxos usam como proteção.
> A ideia por trás dela é não só proteger contra qualquer negatividade que lhe mandem, como também mandar de volta essa negatividade. Quanto mais essa pessoa tentar prejudicar o bruxo, mas ela prejudicará a si mesma.

Pegue um frasco de vidro pequeno, com tampa de rosca. Encha-o, pelo menos até a metade, com cacos de vidro; espelhos quebrados; pregos, alfinetes, agulhas e parafusos enferrujados; lâminas de barbear velhas e outras coisas do tipo – qualquer coisa afiada ou pontiaguda. Depois urine no vidro até enchê-lo, pois isso personalizará o frasco e o seu conteúdo. Caso se trate de uma bruxa, ela pode tornar a garrafa ainda mais eficaz acrescentando à mistura sangue menstrual. Tampe o frasco e sele-o com fita adesiva ou cera. Depois enterre-o na terra a uma profundidade de meio metro, aproximadamente. Escolha um lugar isolado, onde ninguém poderá achá-lo. Enquanto a garrafa continuar enterrada, ela trabalhará por você. Eu recomendo que você faça uma nova garrafa uma vez por ano, só para o caso de a velha rachar ou se quebrar. Se você mora numa cidade, vale a pena fazer uma viagem ao campo para enterrar a sua garrafa.

– Extraído e adaptado de *O Guia da Tradição Wicca para Bruxos Solitários*, Ed. Pensamento.

Feitiço para afastar admiradores indesejados

> Para quem deseja livrar-se de um admirador não desejado, pode ser suficiente, em casos menos graves, modificar o cheiro corporal.

Como se sabe, a simpatia e a antipatia passam em grande parte pelo sentido do olfato, e é nessa área que podemos operar conscientemente.

Uma proteção geral contra qualquer perseguição é o óleo de menta ou hortelã. Basta pôr algumas gotas atrás da orelha, na palma da mão e no pescoço, até na água do banho diário, para que se tenha uma nova e forte "aura", de efeito rejeitante, também em casos individuais.

– Extraído e adaptado de *Magias do Amor*, Sandra, Ed. Pensamento.

A fome do coração

> Num mundo com tantas distrações e onde tudo acontece tão rápido, às vezes não percebemos que estamos com fome. Aí pegamos alguma coisa na geladeira, pedimos comida em casa, saímos com amigos superficiais e bebemos um pouco, ou vamos ao shopping e compramos coisas das quais não precisamos. Tudo isso apenas anestesia o vazio. A fome continua lá. Pois não se trata de uma fome física, mas uma fome emocional. Mas, assim como nosso corpo físico não pode viver só de batata frita, nosso corpo emocional também não pode viver só dessas distrações.

Se você está se sentindo assim, é hora de cuidar do seu coração. Reveja seus relacionamentos. Talvez seja hora de deixar algumas pessoas partirem. Reveja o seu trabalho. O trabalho que você faz o leva a pular da cama pela manhã sentindo-se feliz? Reveja sua imagem no espelho. Há quanto tempo você vem negligenciando essa pessoa que você vê e que às vezes mal reconhece?

Claro que tudo isso é um processo, e não acontece da noite para o dia. Mas há uma magia muito boa, que ajuda muito nesse momento e envolve uma deusa egípcia chamada Hathor, representada como uma mulher com cabeça de vaca, uma simbologia do seu poder de cuidar, nutrir e alimentar seus filhos.

A magia egípcia é muito forte, mas pouco conhecida. Poucas pessoas a adaptam para os tempos modernos. Você pode pedir a ajuda dessa deusa mãe para nutrir e fortalecer seu emocional. Você perceberá que sintomas como insegurança, ciúme e baixa autoestima irão, a partir desse dia, sendo minimizados. Como toda mãe, Hathor fica feliz em ver seus filhos bem.

Nutra suas Emoções com a Deusa Hathor

Você vai precisar de:

- Grãos diversos
- Um prato
- Leite integral
- Duas taças ou copos
- Duas velas brancas

Numa noite de Lua cheia, passe azeite ou óleo consagrado nas duas velas, chamando por Hathor. Acenda-as e coloque uma ao lado da outra diante de você. Coloque os grãos no prato e erga-o, como uma oferenda a Hathor, e agradecendo à fartura em sua vida e do mundo todo. Coloque o prato entre as velas. Verta o leite nas taças e erga-as, oferecendo-as também à deusa e pedindo que ela possa nutrir seu corpo emocional com o amor de mãe, tornando-o forte e saudável. Recite a invocação à Hathor.

INVOCAÇÃO À HATHOR

Querida deusa Hathor, Rainha do Oeste, Protetora das mulheres e da maternidade. Eu te saúdo como deusa da vida e senhora da oferenda. Venha até nós e com tua energia divina preencha todos os nossos corpos com teu leite sagrado. Hathor, aceita agora essa oferenda que humildemente te ofereço como agradecimento por toda a fartura com que nos brinda. Hathor, derrama, se for da tua vontade, sua energia de mãe sobre esse leite, fazendo-o mágico e encantado agora. Hathor, onde tu estás não há fome nem tristeza. Não há vazio nem solidão. Torna-me forte através do teu amor. Que a Via Láctea seja meu caminho, um tapete estrelado de realizações e alegrias. Com teu leite, tenho saúde e fortaleza e meu coração sabe amar e ser amado. Assim seja!

Visualize uma fonte de luz branca sendo derramada sobre você, curando suas feridas e fortalecendo seu coração. Se sentir vontade de chorar, chore. É uma forma de cura também. Quando terminar, agradeça. Beba o leite de uma taça, sentindo que ele a nutre e fortalece. A outra taça deve ser misturada a um balde de água. Depois do seu banho normal, jogue esse banho mágico da cabeça aos pés. Não se seque e vista uma roupa branca. Você terá uma noite de sono excelente e começará seu processo de nutrição e cura emocional. Repita esse ritual, até se sentir bem e feliz consigo mesmo.

– Eddie Van Feu
www.eddievanfeu.com

Aromaterapia para aliviar a tristeza

O luto normalmente é uma condição aguda com uma causa específica, mas a tristeza e a melancolia são muitas vezes sentimentos generalizados e crônicos, sem uma causa perceptível de imediato. É claro que você pode se sentir triste ao ouvir más notícias ou sobre fatalidades, mas, se elas não forem tão graves para causar pesar, então a tristeza normalmente é breve e não realmente um problema.

As pessoas podem se sentir tristes às vezes, sem saber por quê. Elas se sentem para baixo, abatidas, pesadas e desanimadas. Quando ocorre esse estado de ânimo, a alegria e a luz da vida parecem sumir e é difícil se livrar desse sentimento melancólico e desesperador. Podemos perceber que certas pessoas tem uma disposição melancólica, uma tendência a se sentirem tristes e desanimadas sem uma razão aparente, mas quase todos podem se sentir tristes sem razão de tempos em tempos.

Veja abaixo algumas dicas da Aromaterapia para aliviar a tristeza e a melancolia:

- Um dos melhores remédios, se você estiver se sentindo triste, é usar óleos essenciais estimulantes. A natureza nebulosa dos sentimentos é contrabalançada pela criação de uma atmosfera generalizada de fragrâncias animadoras. O efeito suavizador e estimulante do manjericão ajuda a dissipar a fadiga mental e a melancolia. Bergamota traz luz e inspira bastante alegria, enquanto o patchuli conforta a tristeza num nível profundo e o jasmim eleva o ânimo.
- Outra técnica útil para combater a tristeza é usar um perfume estimulante, reaplicá-lo diversas vezes durante o dia e antes de ir para a cama à noite. Cercar-se de uma fragrância que eleva o espírito durante um período vai dissipar a tristeza suave e naturalmente. Escolha perfumes que incluam néroli, rosa absoluta, lavanda, gerânio ou ilangue-ilangue; esses óleos essenciais com fragrâncias florais adoráveis tem um efeito animador com o passar do tempo.
- Às vezes um aroma pronunciado e puro pode ajudar a aliviar a tristeza e, se as abordagens sutis sugeridas não estiverem funcionando, então vale a pena tentar algo um pouco diferente. Hortelã-pimenta e tomilho são tônicos para os nervos, revigorantes, refrescantes e muito estimulantes. Eles podem dissipar a tristeza ao acalmar a mente e as emoções.

— Extraído e adaptado de *Bíblia da Aromaterapia*, Gill Farrer-Halls, Ed. Pensamento.

Encantamento para escolher a profissão certa

> Quando você era pequeno, a pergunta que os adultos mais faziam era: "O que você vai ser quando crescer?" Quando chegamos aos 10 anos, esse tipo de pergunta começa a ficar cada vez mais frequente. A escola quer saber, seus pais querem saber, até seus avós não param de lhe perguntar a mesma coisa. Alguns de seus amigos já têm a vida mais mapeada que um Atlas geográfico.

Se servir de consolo, confesso que eu não fazia ideia de que ia me sustentar escrevendo livros até chegar na casa dos 30 anos! Ei, alguns de nós demoram um pouco mais para escolher uma profissão, sabia? Eis alguns conselhos que dei aos meus próprios filhos:

- ✦ Exercite seus talentos.
- ✦ Escolha o que você mais gosta de fazer.
- ✦ Não há nada de errado em mudar de ideia.

Agora você pode dizer, "Mas eu não posso fazer carreira usando meu talento para andar de bicicleta". Na verdade – você pode sim! Você pode participar de competições de ciclismo, desenhar bicicletas, planejar ciclovias ou criar um jogo de *vídeo game* com bicicletas. Se gosta de fazer compras, quem sabe você possa ser comprador de uma grande loja, trabalhar na Bolsa de Valores ou escrever um livro sobre como encontrar as melhores barganhas? Não existe limite para o seu talento ou para o seu potencial. Os limites é você quem põe.

Faça uma lista dos seus talentos

Comece este encantamento anotando todos os seus talentos. É, todos eles. Tudo bem, você pode deixar de fora o talento que tem para arrotar mais alto que todo mundo, mas tem que prometer que vai escrever todo o resto. Carregue essa lista com você por uma semana. Leia jornais e revistas, navegue pela internet. Suponhamos que você pense, "Eu queria saber como é ser juiz..." Não fique só imaginando. Vá ao tribunal e assista a um julgamento. "Como será a vida de artista?" Pergunte para um.

No final da semana, pegue sua lista de talentos, coloque as mãos sobre ela e diga:

> *"Em cada pessoa moram vários talentos, um potencial que vai muito além do que imaginamos. Peço que o Espírito me ajude a reconhecer meu potencial e os meus talentos. Traga-me, por favor, a oportunidade para me conhecer melhor de uma forma positiva, de forma que eu possa escolher a profissão certa para mim. Por favor, abra as portas do destino que me fará mais feliz e fecha as portas que me levarão para longe da minha felicidade. Que assim seja!"*

Mantenha a lista de talentos com você até que escolha o rumo que dará aos seus estudos. Antes de tomar a decisão final, leia a lista mais uma vez. Se sentir que não está sendo verdadeiro consigo mesmo, poderá mudar de ideia ao ler a lista novamente.

Encantamento para fazer bons negócios

Você precisará de:

- ☺ folhas de hortelá frescas (que você pode encontrar no supermercado)
- ☺ Uma caixa de madeira
- ☺ Uma colher de mel

Um dia depois do início da Lua Cheia, pique as folhas de hortelá e coloque-as na caixa. Passe um pouco de mel do lado de dentro da tampa da caixa. Pense no mel atraindo ótimos negócios para você, fazendo-o economizar dinheiro. Deixe a caixa aberta enquanto as folhas de hortelá secam.

Ao longo de todo o mês, sempre que você conseguir uns trocados a mais, uma moedinha ou uma nota de 2 reais, segure o dinheiro nas mãos e visualize-o se multiplicando. Então diga:

"Você só será gasto em bons negócios".

Jogue o dinheiro na caixa. Quando estiver pronto para sair às compras, pegue um pouco do dinheiro da caixa (notas ou moedas) e deixe o resto. Junte o dinheiro que tirou da caixa ao que já tem na carteira. Ao colocar a carteira na bolsa ou no bolso, diga:

"Serei orientado para só fazer bons negócios!"

Você não só estará treinando sua mente para buscar os melhores preços, como também aprenderá a economizar!

Cultive sua prosperidade interior

A prosperidade interior está relacionada com o sentimento de autovalorização e de estar seguindo seu caminho de vida, que é um processo muito pessoal. A raiz da prosperidade está no amor e em deixar que o amor flua livremente no seu coração. Esta técnica de visualização o ajudará a estabelecer um sentimento de segurança interior nos seus chakras, que lhe servirá como uma plataforma para que todas as outras energias sutis possam circular.

Sente-se numa posição confortável, no chão, sobre uma almofada ou numa cadeira. O importante é que você se sinta confortável e relaxado. Feche os olhos e respire fundo algumas vezes.

Visualize uma energia vermelha e branca se agregando até formar, no seu primeiro chakra (da Raiz, na região do púbis), uma bola de energia cor-de-rosa, do tamanho de uma bola de pingue-pongue ou golfe. Essa bola de energia rosa não deve ser muito vibrante nem brilhante. Se ela parecer assim, acrescente um pouco mais de luz branca a ela, de modo que o tom rosa fique mais suave. Concentre-se nessa visualização durante um intervalo de três a cinco minutos. Depois desse período, deixe que a bola de energia rosa se instale no centro do chakra da Raiz e visualize sua energia projetando raios para fora, abrangendo todo o chakra. Depois que você conseguir ver e sentir isso nitidamente, visualize essa energia subindo através do seu corpo, passando pelo seu chakra do Coração (na região do coração), descendo pelos braços e subindo até a cabeça. Deixe que os raios dessa energia se dissipem e desapareçam rapidamente; não há necessidade de mantê-la. Quando ela se desvanecer, visualize mais dessa energia rosa fluindo suavemente pelo seu corpo todo. Repita a visualização dos raios dessa energia durante mais três ou cinco minutos, depois conclua a técnica ficando sentado em silêncio por pelo menos dois minutos.

> *A energia vermelha representa as paixões da vida e o mundo físico, enquanto a energia branca representa a pura essência da Divindade e os aspectos mais elevados do ser interior de cada pessoa. Misturando essas duas energias de um jeito amoroso enquanto se concentra no primeiro chakra, você aprende a sentir seguro e cheio de amor, pronto para construir alicerces sólidos na vida para sustentar o seu crescimento interior.*

A Terra inteira será a morada manifestada do Espírito,
Não mais oculto pelo corpo e pela vida,
Não mais oculto pela ignorância da mente;
Os olhos do Espírito olharão através dos olhos da Natureza,
A força do Espírito ocupará a força da Natureza,
Este mundo será o jardim visível de Deus
Todas as coisas manifestarão o Deus encoberto,
Todas elas revelarão a luz e o poder do Espírito
E se moverão rumo ao seu destino de felicidade.
A Natureza viverá para manifestar o Deus secreto,
O Espírito assumirá o jogo humano,
Esta vida terrena se tornará a vida divina.

Sri Aurobindo, em "Savitri"